1일 1독해

세계사 ⑤ 현대

"하루 15분" 똑똑한 공부 습관
1일 1독해

개정1판 1쇄	2026년 3월 25일
초판 1쇄	2022년 6월 20일
펴낸곳	메가스터디(주)
펴낸이	손은진
개발 책임	김문주
개발	양수진, 최란경, 표민지
글	메가스터디 초등교육 연구소, 구름돌
그림	김보경
디자인	주희연
마케팅	김상민
제작	이성재, 장병미
사진 제공	토픽이미지스
주소	서울시 서초구 효령로 304(서초동) 국제전자센터 24층
대표전화	1661-5431
홈페이지	http://www.megastudybooks.com
출판사 신고 번호	제 2015-000159호
출간제안/원고투고	메가스터디북스 홈페이지 <투고 문의>에 등록

일러두기
· 맞춤법과 띄어쓰기는 국립국어원에서 펴낸 《표준국어대사전》을 기준으로 삼되, 초등학교 교과서의 표기를 참고했습니다.
· 외국의 인명과 지명은 국립국어원에서 펴낸 《외래어 표기법》을 따랐습니다.
· 본 저작물은 공공누리 제1유형에 따라 공공 저작물을 이용하였습니다.

메가스터디북스

'메가스터디북스'는 메가스터디㈜의 교육, 학습 전문 출판 브랜드입니다.
초중고 참고서는 물론, 어린이/청소년 교양서, 성인 학습서까지 다양한 도서를 출간하고 있습니다.

· **제품명** 1일 1독해 세계사 5
· **제조자명** 메가스터디㈜ · **제조년월** 판권에 별도 표기 · **제조국명** 대한민국 · **사용연령** 3세 이상
· **주소 및 전화번호** 서울시 서초구 효령로 304(서초동) 국제전자센터 24층 / 1661-5431

1일 1독해
세계사

〈1일 1독해 세계사〉는
하루 15분, 세계사 교과 독해를 통해 교과 학습에 대비하며
독해력과 역사 배경지식을 함께 키울 수 있도록 구성하였습니다.
고대부터 현대까지 이어지는 주요 사건과 인물을 따라가며
세계사 흐름을 한눈에 파악할 수 있습니다.

1권	**고대**	인류가 문명을 이룩하고 동서양의 고대 국가들이 기틀을 잡는 과정을 살펴봅니다.
2권	**중세**	종교를 중심으로 형성된 각 지역 문화권의 발전 과정을 이해합니다.
3권	**근대(상)**	르네상스와 종교개혁을 통한 가치관 변화와 중앙 집권 국가의 특징을 알아봅니다.
4권	**근대(하)**	산업혁명으로 인한 사회·경제 변화를 이해하고 국민 국가 건설 과정을 파악합니다.
5권	**현대**	두 차례의 세계 대전과 냉전, 오늘날의 다원화된 세계의 모습을 살펴봅니다.

우리 아이 10년 뒤를 바꾸는 독해력!

독해력은 모든 학습의 기초 체력입니다. 초등 시기에 제대로 읽고 이해하는 독해력을 탄탄하게 다져 놓으면, 중학생, 고등학생이 되어 아무리 어려운 지문과 문제를 접하더라도 그 내용을 잘 이해할 수 있고 차근차근 문제를 풀 수 있습니다. 독해력이 뛰어난 아이일수록 여러 교과의 내용을 쉽게 이해할 수 있고, 자신의 생각을 풍부하고 명확하게 표현할 수 있습니다.

Why?

왜 1일 1독해일까?

<1일 1독해> 시리즈는 주제에 맞는 이야기가 짧은 지문으로 제시되어 부담 없이 매일 한 장씩 풀기 좋습니다. 독해는 어릴 때 습관을 잡아 주는 것이 가장 중요합니다. 메가스터디북스의 <1일 1독해> 시리즈로 몸의 근육을 키우듯 아이의 학습 근육을 키워 주세요.

① 아이가 재미있어서 스스로 보는 책

왜 아이들은 1일 1독해를
"재미있다"고 할까요?
눈높이에 맞는 흥미로운 주제의
지문들을 읽는 즐거움이
있기 때문입니다.
지문을 읽고 바로바로 문제를 풀어
확인하는 단순한 학습 패턴에서
아이는 공부의 재미를 느끼게 됩니다.

② 매일 완독하니까 성공의 경험이 쌓이는 책

하루 15분! 지문 1쪽, 문제 1쪽의
부담 없는 학습량으로 아이는
매일매일 성공적인 학습을
경험합니다.
매일 느끼는 성취감은 꾸준한
학습 습관으로 이어지고,
완독의 경험이 쌓여
아이의 공부 기초 체력이 됩니다.

③ 독해 학습과 배경지식 확장이 가능한 책

한국사, 세계사, 사회 등
교과 연계 지문으로
교과 학습을 대비할 수 있고,
우리 문화를 담은 글을 포함해
세계 명작, 고전, 인물까지
인문 교양과 관련된
폭넓은 주제의 지문으로
배경지식을 확장시킬 수 있습니다.

메가스터디북스 1일 1독해 시리즈

<1일 1독해> 시리즈는 독해를 이제 막 시작하는 예비 초등을 위한 이야기 시리즈, 초등학교 전학년이 볼 수 있는 교과 연계 중심의 교과학습 시리즈, 배경지식을 확장해 주는 인문교양 시리즈로 구성됩니다.

2022 개정 교육과정

예비 초~2학년

이야기

호기심을 키우는 다양한 주제의 이야기로, 아이가 관심 있는 주제부터 시작하여 차근차근 독해력을 길러 줍니다.

- 과학 이야기 ❶ ~ ❻
- 세계 나라 ❶, ❷
- 세계 명작
- 마음 이야기
- 우리나라 ❶ ~ ❹
- 전 14권

초등 교과학습

한국사

우리 역사의 주요 사건과 인물을 시대별로 구성하여, 한국사의 흐름을 이해하고 교과 학습에 대비할 수 있습니다.

- ❶ 선사 ~ 통일 신라
- ❷ 후삼국 ~ 고려
- ❸ 조선(상)
- ❹ 조선(하)
- ❺ 대한 제국 ~ 현대
- 전 5권

세계사

세계사의 주요 장면들을 독해로 학습하며 우리 아이가 반드시 알아야 할 세계사 지식을 시대별 흐름에 맞춰 익힐 수 있습니다.

- ❶ 고대
- ❷ 중세
- ❸ 근대(상)
- ❹ 근대(하)
- ❺ 현대
- 전 5권

초등 사회

사회 문화, 지리, 전통문화, 정치, 경제 등의 사회 교과 독해를 통해 교과 학습에 대비할 수 있습니다.

- ❶ ~ ❺
- 전 5권

초등 인문교양

세계 고전 50, 우리 고전 50

초등학생이 꼭 읽어 두어야 할 세계 고전 50편과 우리 고전 50편을 하이라이트로 미리 접하며 교양을 쌓을 수 있습니다.

- 세계 고전 50 ❶, ❷
- 우리 고전 50
- ❶ 삼국유사 설화
- ❷ 교과서 고전문학
- 전 4권

세상을 바꾼 인물 100

교과서에 수록된 인물을 중심으로 초등학생이 꼭 알아야 할 위대한 인물 100명의 이야기를 통해 바른 인성을 기를 수 있습니다.

- ❶ 문화·예술
- ❷ 과학·기술
- ❸ 의료·봉사
- ❹ 경제·정치
- 전 4권

매일매일 공부 습관을 길러 주는 공부 친구 체키 Checky

지문 1쪽 문제 1쪽으로 매일매일 **독해력 강화!**

세계

1
일차

사라

사라예보에서 시작된 제차 세계 대전

사라예보에서 오스트리아·헝가리 제국의 황
쏜 총에 맞아 목숨을 잃었는데, 이 사건을 '사라

1914년

비아는 같은 민족이 많이 사는 보스니아와 통일을 하
이데 오스트리아·헝가리 제국이 먼저 보스니아를 차지하자,
이에 불만을 품은 세르비아 민족 단체가 사라예보 사건을 일으켰지요.
사라예보 사건이 터지자, 오스트리아·헝가리 제국이 세르비아에 전쟁을 선
포했어요. 독일은 오스트리아·헝가리 제국의 편을 들었고, 영국과 프랑스, 러
시아는 세르비아의 편을 들었지요. 뒤이어 세계 여러 나라가 동맹국과 연합국
으로 나뉘어 전쟁에 뛰어들면서 제1차 세계 대전이 시작되었어요.
처음에는 독일의 거센 공격으로 동맹국이 이기고 있었어요. 하지만 전쟁이
길어지고 미국이 연합국으로 전쟁에 참여하면서 연합국이 이기기 시작했지요.
그러자 동맹국이 차례로 항복하고, 그 뒤 독일마저 항복하면서 연합국의 승리
로 제1차 세계 대전은 끝이 났어요.

8

사회과 교육 과정의 내용 체계에 따라 6개의 지역으로
나누어 어느 지역에 해당하는 글감인지 확인하며
지역에 대한 이해를 높이고,
일차를 표시하여 매일매일 공부 습관을 기를 수 있습니다.

역사 속 인물, 사건, 제도, 문화 등 다양한 글감으로 구성되어
세계사에 대한 호기심을 키우고 지식을 쌓을 수 있습니다.

학습한 날짜를 기입하게 함으로써
아이의 꾸준한 학습을 유도합니다.

읽은 것 확인하기

읽은 날짜: 월   일   1일차

1 다음 사건에 대한 글을 읽고, 빈 곳에 알맞은 말을 쓰세요.

사건은 1914년 오스트리아·헝가리 제국의 황태자 부부가 세르
비아 청년이 쏜 총에 맞아 목숨을 잃은 사건이에요.

2 사라예보 사건이 일어난 이유로 맞는 것을 고르세요. (   )
  ① 보스니아가 먼저 독립을 해 버렸기 때문이에요.
  ② 오스트리아·헝가리 제국이 보스니아를 먼저 차지해 버렸기 때문이에요.
  ③ 세르비아가 보스니아와 통일을 해 버렸기 때문이에요.

3 세르비아의 편을 든 나라를 모두 찾아 ○로 묶으세요.

러시아	독일	영국
프랑스	불가리아	

4 제1차 세계 대전에 대한 설명으로 맞으면 ○, 틀리면 × 하세요.
  (1) 사라예보 사건 때문에 시작되었어요. (   )
  (2) 유럽에 있는 나라들끼리만 전쟁을 벌였어요. (   )
  (3) 동맹국의 승리로 전쟁이 끝났어요. (   )

용어풀이
  • **보스니아** 1878년부터 오스트리아·헝가리 제국의 지배를 받다가 사라예보 사건으로 제1차 세계 대전
    을 겪고 1992년에 독립함.
  • **오스트리아·헝가리 제국** 1866년 오스트리아가 프로이센과의 전쟁에서 진 뒤 헝가리와 함께 만든 나라.
  • **세르비아** 발칸반도 중앙에 자리한 나라로, 19세기에 오스만 제국으로부터 독립함.
  • **동맹국** 제1차 세계 대전 때 독일을 중심으로 뭉친 나라들로, 불가리아, 오스만 제국 등이 있었음.
  • **연합국** 제1차 세계 대전 때 동맹국에 맞서기 위해 영국을 중심으로 힘을 합친 나라들로, 프랑스, 러
    시아, 이탈리아 등이 있었음.

9

연표를 제공하여 세계사의 흐름 속에서
글감을 이해할 수 있도록 도와줍니다.

다양한 문제를 풀며
내용을 확실하게 이해했는지 확인합니다.

세계사 속 인물이나 제도, 기관 등 역사 용어의 뜻을
풀이하여 **글감에 대한 이해를 높입니다.**

낱말 퍼즐과 속닥속닥 세계사로 배경지식까지 풍성하게!

알쏭달쏭 낱말 퍼즐

4~6개의 글감을 읽은 다음 알쏭달쏭 낱말 퍼즐을 풀며 글감에 나온 용어나 내용을 잘 이해했는지 확인합니다.

속닥속닥 세계사

앞에서 읽은 글감과 연관된 속닥속닥 세계사의 재미있는 이야기로 세계사에 대한 흥미와 이해를 높입니다.

찾아보기

찾아보기는 인물이나 제도, 기관 등 세계사에 등장하는 다양한 용어가 어느 부분에 나오는지 표기하여 언제든지 찾아볼 수 있습니다.

세계사

⑤ 현대

🌏 사회 교과 과정에 따라 지역을 구분하였습니다. 글감에 나오는 나라의 위치를 지도에서 찾아보세요.

아이슬란드

스웨덴 핀란드

노르웨이

유럽

에스토니아
덴마크 라트비아
리투아니아
아일랜드 영국 네덜란드 폴란드 벨라루스
독일 체코 우크라이나
프랑스 스위스 오스트리아 슬로바키아 몰도바
헝가리 루마니아
이탈리아 크로아티아
보스니아 세르비아
헤르체고비나 불가리아
에스파냐
포르투갈 그리스 **서아시아**
튀르키예 조지아
아제르바이잔
시리아 우즈베키스탄
레바논 이라크 이란
이스라엘 쿠웨이트
요르단 아프가니스탄
사우디아라비아 파키스탄
아랍 에미리트
오만
예멘

러시아

카자흐스탄

몽골

투르크메니스탄 키르기스스탄
타지키스탄

중국

동아시아

대한민국 일본

인도

네팔 부탄
인도 방글라데시

미얀마 베트남 타이완
라오스
타이 필리핀
캄보디아
브루나이
말레이시아
싱가포르
인도네시아

파푸아
뉴기니

모로코
알제리
서사하라
리비아
이집트
모리타니
말리 니제르
세네갈
기니 부르키나파소 차드
시에라리온 코트디부아르 수단
라이베리아 가나 **아프리카**
나이지리아 중앙아프리카
공화국 남수단 에티오피아
카메룬 소말리아
우간다
가봉 콩고 케냐
콩고
민주 공화국 탄자니아
앙골라
잠비아 모잠비크
짐바브웨
나미비아 보츠와나 마다가스카르
남아프리카
공화국

오스트레일리아

1914년 6월, 보스니아*의 수도 사라예보에서 오스트리아·헝가리 제국의 황태자 부부가 세르비아* 청년이 쏜 총에 맞아 목숨을 잃었는데, 이 사건을 '사라예보 사건'이라고 해요.

슬라브족 국가인 세르비아는 같은 민족이 많이 사는 보스니아와 통일을 하고 싶었어요. 그런데 오스트리아·헝가리 제국이 먼저 보스니아를 차지하자, 이에 불만을 품은 세르비아 민족 단체가 사라예보 사건을 일으켰지요.

사라예보 사건이 터지자, 오스트리아·헝가리 제국이 세르비아에 전쟁을 선포했어요. 독일은 오스트리아·헝가리 제국의 편을 들었고, 영국과 프랑스, 러시아는 세르비아의 편을 들었지요. 뒤이어 세계 여러 나라가 동맹국*과 연합국*으로 나뉘어 전쟁에 뛰어들면서 제1차 세계 대전이 시작되었어요.

처음에는 독일의 거센 공격으로 동맹국이 이기고 있었어요. 하지만 전쟁이 길어지고 미국이 연합국으로 전쟁에 참여하면서 연합국이 이기기 시작했지요. 그러자 동맹국이 차례로 항복하고, 그 뒤 독일마저 항복하면서 연합국의 승리로 제1차 세계 대전은 끝이 났어요.

1914년
제1차 세계 대전이 시작됨.

1918년
제1차 세계 대전이 끝남.

읽은 것 확인하기

📅 읽은 날짜 :　　월　　일

1 다음 사건에 대한 글을 읽고, 빈 곳에 알맞은 말을 쓰세요.

> _____ 사건은 1914년 오스트리아·헝가리 제국의 황태자 부부가 세르비아 청년이 쏜 총에 맞아 목숨을 잃은 사건이에요.

2 사라예보 사건이 일어난 이유로 맞는 것을 고르세요.　　　　　　　　(　　　　　)

① 보스니아가 먼저 독립을 해 버렸기 때문이에요.

② 오스트리아·헝가리 제국이 보스니아를 먼저 차지해 버렸기 때문이에요.

③ 세르비아가 보스니아와 통일을 해 버렸기 때문이에요.

3 세르비아의 편을 든 나라를 모두 찾아 ○로 묶으세요.

러시아	독일	영국
프랑스	불가리아	

4 제1차 세계 대전에 대한 설명으로 맞으면 ○, 틀리면 ✕ 하세요.

(1) 사라예보 사건 때문에 시작되었어요.　　　　　　　　　　(　　　　　)

(2) 유럽에 있는 나라들끼리만 전쟁을 벌였어요.　　　　　　　(　　　　　)

(3) 동맹국의 승리로 전쟁이 끝났어요.　　　　　　　　　　(　　　　　)

용어풀이

• **보스니아** 1878년부터 오스트리아·헝가리 제국의 지배를 받다가 사라예보 사건으로 제1차 세계 대전을 겪고 1992년에 독립함.

• **오스트리아·헝가리 제국** 1866년 오스트리아가 프로이센과의 전쟁에서 진 뒤 헝가리와 함께 만든 나라.

• **세르비아** 발칸반도 중앙에 자리한 나라로, 19세기에 오스만 제국으로부터 독립함.

• **동맹국** 제1차 세계 대전 때 독일을 중심으로 뭉친 나라들로, 불가리아, 오스만 제국 등이 있었음.

• **연합국** 제1차 세계 대전 때 동맹국에 맞서기 위해 영국을 중심으로 힘을 합친 나라들로, 프랑스, 러시아, 이탈리아 등이 있었음.

2 일차 사회주의 국가를 세운 러시아 혁명

1905년 1월, 러시아의 노동자들이 황제가 사는 궁전으로 몰려갔어요. 비싼 물가*와 낮은 임금 때문에 살기 힘들어져 황제에게 직접 말하기 위해서였지요. 하지만 황제의 군대는 총칼을 휘둘렀고, 순식간에 수많은 사람이 죽거나 다쳤어요. 이에 화가 난 국민들이 강하게 저항하자, 황제는 개혁을 약속했어요. 하지만 달라진 것은 없었어요. 게다가 제1차 세계 대전으로 인해 러시아 경제는 더욱 어려워졌지요.

1917년, 더 이상 가난을 참을 수 없었던 노동자들은 개혁을 요구하며 3월 혁명을 일으켰어요. 그 결과 황제가 물러나고 임시 정부*가 들어섰어요.

하지만 러시아 임시 정부는 제1차 세계 대전의 전쟁에 계속 참여했어요. 그러자 사회주의자*인 레닌이 노동자와 농민들과 함께 11월 혁명을 일으켰어요. 레닌은 임시 정부를 몰아내고, 세계 최초로 사회주의 정부를 세웠어요.

레닌은 더 이상 전쟁에 참여하지 않고 새로운 경제 정책*을 실시했어요. 또 1922년에 러시아 주변 나라들과 함께 소비에트 사회주의 공화국 연방을 만들었어요. 줄여서 '소련'이라고 불렀던 나라예요.

▲ 레닌 동상

1917년
러시아 혁명이 일어남.

1922년
소비에트 사회주의
공화국 연방이 세워짐.

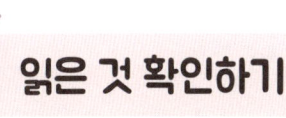 

1 러시아 노동자들에 대한 글을 읽으면서 알맞은 말에 ○ 하세요.

> 러시아 노동자들은 (비싼 / 싼) 물가와 (낮은 / 높은) 임금 때문에 살기 힘들다고 직접 말하기 위해 황제가 사는 궁전으로 몰려갔어요.

2 러시아 혁명의 결과로 알맞은 것을 찾아 줄로 이으세요.

3월 혁명	•	•	황제가 물러나고 임시 정부가 들어섰어요.
11월 혁명	•	•	임시 정부를 몰아내고, 사회주의 정부를 세웠어요.

3 레닌에 대한 글을 읽고, '맞아요'와 '틀려요' 중에서 알맞은 쪽에 색칠하세요.

	맞아요	틀려요
• 노동자와 농민들과 함께 3월 혁명을 일으켰어요.	맞아요	틀려요
• 세계 최초로 사회주의 정부를 세웠어요.	맞아요	틀려요
• 새로운 경제 정책을 실시했어요.	맞아요	틀려요

4 1922년 레닌이 러시아 주변 나라들과 함께 만든 연방을 줄여서 무엇이라고 부르는지 쓰세요.

✏️ _____

 용어풀이
- **물가** 물건이나 서비스의 평균적인 가격.
- **임시 정부** 법으로 인정받지 못하지만 실질적인 힘을 가진 국가 기관.
- **사회주의자** 사회주의를 믿거나 주장하는 사람.
- **정책** 정치적인 목적을 이루기 위한 방법.

3일차 비폭력·불복종 운동으로 영국에 대항한 간디

인도의 독립 운동가인 간디는 영국의 식민지인 남아프리카 연방*에서 젊은 시절을 보냈어요. 20여 년 동안 남아프리카 연방에서 차별받는 인도 사람들을 위해 싸우다가 인도로 돌아왔지요.

그즈음 제1차 세계 대전에서 전쟁을 벌이고 있던 영국은 인도가 전쟁에 참여하면 독립을 시켜 주겠다고 했어요. 인도 사람들은 그 말을 믿고 영국을 도왔지만 영국은 약속을 지키지 않았어요.

분노한 인도 사람들이 시위*를 벌이자, 영국 군대가 이들에게 총을 쏘면서 수많은 인도 사람이 죽거나 다쳤어요. 이러한 영국의 탄압에 간디는 폭력도 쓰지 않고 복종도 하지 않는 비폭력·불복종 운동을 벌여 맞섰어요.

"영국 기술로 만든 물건들을 쓰지 맙시다. 우리에게 필요한 물건은 우리 스스로 만들어 먹고 입읍시다!"

간디는 앞장서서 물레로 실을 뽑아 옷을 직접 만들어 입었어요. 영국 회사와 학교에 다니는 것도 그만두고, 세금도 내지 말자고 했지요. 수많은 인도 사람이 간디의 뜻에 따랐어요. 그러면서 독립에 대한 인도 사람들의 바람은 더욱 커져 갔어요.

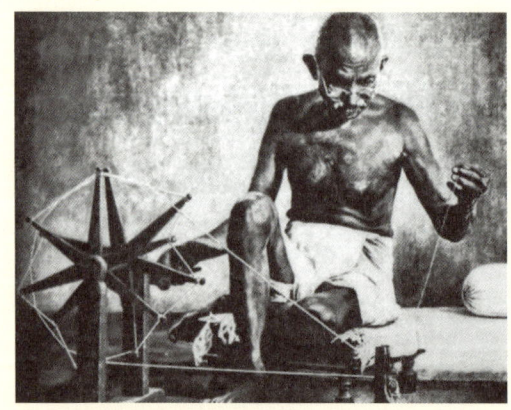

▲ 물레를 돌리는 간디

1919년
간디가 인도에서
비폭력·불복종 운동을 시작함.

1948년
간디가 죽음.

읽은 것 확인하기

읽은 날짜 :　　월　　일

3 일차

1 간디가 영국의 탄압에 맞서기 위해 벌인 운동은 무엇인지 쓰세요.

✎ _____

2 간디가 벌인 비폭력·불복종 운동의 내용으로 맞는 것을 모두 찾아 색칠하세요.

- 날마다 시위를 벌이자.
- 영국 물건을 쓰지 말자.
- 세금을 내지 말자.

3 간디의 비폭력·불복종 운동으로 일어난 일에 대해 바르게 말한 아이를 모두 찾아 이름에 ◯ 하세요.

종희 수많은 인도 사람이 간디의 뜻에 따랐어요.

규민 영국이 인도를 독립시켜 주었어요.

승철 독립에 대한 인도 사람들의 바람이 더욱 커져갔어요.

4 간디에 대한 글을 읽으면서 알맞은 말에 ◯ 하세요.

인도의 독립 운동가인 간디는 젊은 시절 (남아프리카 연방 / 남아메리카)에서 차별받는 인도 사람들을 위해 싸웠고, 인도로 돌아온 뒤에는 비폭력·불복종 운동을 벌이며 (영국 / 프랑스)의 탄압에 맞섰어요.

- **남아프리카 연방** 지금의 남아프리카 공화국.
- **시위** 많은 사람이 원하는 조건을 내걸고 집회나 행진을 하며 의사를 표시하는 행동.
- **물레** 솜이나 털 등으로 실을 뽑는 기구.

4 일차

세계를 위기에 빠뜨린 대공황

제1차 세계 대전이 끝나고 유럽은 전쟁의 영향으로 경제가 어려워졌어요. 하지만 전쟁의 피해가 적었던 미국은 피해를 복구하기 위한 물건이나 재료를 다른 나라에 팔아 큰돈을 벌었어요. 또, 유럽의 나라들이 다시 일어설 수 있도록 돈을 빌려주었지요.

그런데 1929년 미국 주식의 가격이 크게 떨어지고 경제가 빠르게 나빠지면서 대공황이 시작되었어요. 주식을 가지고 있던 사람들은 큰 손해를 보았지요. 회사와 공장, 은행 등은 문을 닫았고, 사람들은 일자리를 잃었어요. 또 사람들이 돈을 쓰지 않아 가게에는 팔리지 않는 물건들이 쌓여 갔어요.

대공황은 다른 나라에도 영향을 미쳤어요. 유럽은 미국에 빌린 돈을 갚아야 해서 경제가 다시 어려워졌어요. 미국과 물건을 사고팔던 다른 나라들도 경제가 어려워지기는 마찬가지였지요.

1933년 미국의 대통령인 루스벨트는 대공황을 이겨 내기 위해 뉴딜 정책을 펼쳤어요. 댐이나 다리를 만드는 큰 공사를 벌여 일자리를 많이 만들고, 노동자와 농민을 돕기 위한 제도를 마련했지요. 뉴딜 정책은 미국이 대공황을 극복하는 밑거름이 되었답니다.

▲ 대공황 때 미국에 만들어진 댐

1929년
대공황이 시작됨.

1933년
루스벨트 대통령이
뉴딜 정책을 실시함.

1 제1차 세계 대전이 끝난 뒤 미국의 상황에 대한 설명으로 맞으면 ○, 틀리면 × 하세요.

(1) 전쟁의 영향으로 경제가 어려워졌어요.   (   )

(2) 전쟁 피해를 복구하기 위한 물건을 팔아 큰돈을 벌었어요.   (   )

(3) 유럽의 나라들에게 돈을 빌려주었어요.   (   )

2 1929년 미국 주식의 가격이 떨어지고 경제가 나빠지면서 시작된 것은 무엇인지 쓰세요.

✎ _____

3 대공황이 시작되면서 일어난 일로 맞는 것을 모두 고르세요.   (,   )

① 주식을 가지고 있던 사람들이 큰돈을 벌었어요.

② 새로 문을 여는 회사와 공장이 많아졌어요.

③ 사람들이 일자리를 잃었어요.

④ 가게에 팔리지 않는 물건들이 쌓였어요.

4 1933년 미국의 대통령인 루스벨트가 대공황을 이겨 내기 위해 실시한 정책은 무엇인지 알맞은 글자를 모두 찾아 색칠하세요.

대   뉴   공   딜   정   황   책

🔍 용어
풀이

• **복구** 고장 나거나 부서진 것을 이전의 상태로 되돌림.

• **주식** 회사를 만들거나 유지하는 데 필요한 큰돈을 마련하기 위해 발행하는 증서.

• **대공황** 화폐 가치가 떨어지고 물건의 값이 아주 많이 비싸지는 어려운 경제 상황. 흔히 1929년에 있었던 대공황을 말함.

• **루스벨트** 미국의 32대 대통령으로, 뉴딜 정책을 추진해 대공황을 극복함.

• **뉴딜 정책** 대공황으로 어려워진 미국 경제를 살리기 위해 1933년에 루스벨트가 실시한 경제 부흥 정책.

글을 읽고, 해당하는 낱말을 글자판에서 찾아 ◯로 묶으세요.
낱말은 가로, 세로로 찾을 수 있어요.

연	합	국	가	나	라
기	동	보	계	물	레
소	냐	스	완	다	간
련	라	니	베	르	디
레	예	아	랍	주	닉
닌	보	루	스	벨	트

 세르비아가 통일을 하고 싶어 하던 나라로, 수도는 사라예보예요.

 제1차 세계 대전 때 영국을 중심으로 힘을 합쳐 동맹국에 맞선 나라들을 말해요.

 러시아 주변 나라들과 함께 소비에트 사회주의 공화국 연방을 만든 러시아 사람이에요.

 비폭력·불복종 운동을 벌인 인도의 독립운동가예요.

 간디가 옷을 만들어 입기 위해 실을 뽑았던 기구의 이름이에요.

 대공황을 이겨 내기 위해 뉴딜 정책을 실시한 미국의 대통령이에요.

에스파냐 독감이 전쟁터에서 시작되었다고?

1918년 전 세계에 에스파냐 독감이 퍼졌어. 이 독감으로 약 5,000만 명이 목숨을 잃었지. 에스파냐 독감의 시작에 대해서는 여러 가지 이야기가 있는데, 그중 하나가 전쟁터야. 제1차 세계 대전 때 전투가 너무 치열해 동맹국과 연합국 모두 앞으로 나아갈 수가 없었어.

그래서 서로 긴 도랑을 나란히 파고 그 안에서 싸웠지. 수많은 병사가 지저분한 도랑에서 머물다 보니 독감이 유행했고, 전쟁이 끝나고 독감은 각 나라로 돌아간 병사를 통해 전 세계로 퍼지게 되었대. 그런데 왜 에스파냐 독감이냐고? 에스파냐가 가장 먼저 독감 소식을 널리 알려서 그런 거야.

대공황 때 처음 생긴 보드게임, 모노폴리

모노폴리는 주사위를 굴려 나온 수만큼 말을 움직이고, 도착한 곳의 땅을 사서 그곳에 집이나 호텔을 지어 통행료를 걷는 보드게임이야. 요즘도 누구나 즐겨 하는 모노폴리는 대공황 때 만들어졌어. 일자리를 잃은 찰스 대로라는 사람이 평소 자주 하던 게임을 응용해 1933년에 처음 만들었지. 모노폴리는 1935년에 상품으로 만들어져 팔리면서 큰 인기를 끌었어. 대공황으로 살기 힘든 시기에 주사위를 던져 현금을 모으는 이 게임은, 사람들에게 부자가 될 수 있다는 희망을 갖게 했단다. 덕분에 모노폴리는 큰 성공을 거두고 찰스 대로는 백만장자가 되었어.

▲ 모노폴리

이탈리아는 제1차 세계 대전 때 연합국이었어요. 그런데 전쟁에서 이기고도 큰 이익을 얻지 못했어요. 전쟁으로 경제도 어려워져 살기가 힘들었지요. 화가 난 국민들은 끊임없이 시위를 했고, 이탈리아는 점점 혼란에 빠졌어요.

"나와 함께 옛 로마 제국의 영광을 되찾읍시다!"

이런 혼란 속에 혁명가* 무솔리니가 나타났어요. 무솔리니는 경제를 안정시키고 이탈리아를 강한 나라로 만들겠다고 했어요. 그러자 많은 국민이 무솔리니를 지지했어요. 무솔리니는 파시스트당*을 만들고 수도인 로마로 쳐들어가 이탈리아 정부를 무너뜨렸어요.

권력을 잡은 무솔리니는 독재*를 시작했어요. 자신을 비판하는 사람들을 모두 잡아들이고, 책이나 신문에도 자신에게 도움이 되는 내용만 싣도록 했어요. 무솔리니는 모든 국민이 자신에게 충성하고 나라를 위해 희생하도록 교육하면서 이탈리아를 전체주의* 국가로 만들었어요.

처음에는 독재에 반대하는 사람들도 있었어요. 하지만 경제가 되살아나면서 생활이 점점 나아지자, 무솔리니를 믿고 따르는 사람이 많아졌어요.

▲ 이탈리아의 독재자 무솔리니

1922년
유럽
무솔리니가 권력을 잡음.

1 이탈리아에 대한 글을 읽고, '맞아요'와 '틀려요' 중에서 알맞은 쪽에 색칠하세요.

• 이탈리아는 제1차 세계 대전에서 이겨 큰 이익을 얻었어요.	맞아요	틀려요
• 전쟁으로 경제가 어려워졌어요.	맞아요	틀려요
• 무솔리니에 반대하여 사람들이 계속 시위를 했어요.	맞아요	틀려요

2 빈 곳에 들어갈 말을 〈보기〉에서 찾아 쓰세요.

보기

파시스트당
무솔리니

_____는 _____을 만들고 수도인 로마로 쳐들어가 이탈리아 정부를 무너뜨렸어요.

3 권력을 잡은 무솔리니가 한 일이 <u>아닌</u> 것을 고르세요. ( )

① 무솔리니를 비판하는 사람을 모두 잡아들였어요.

② 책이나 신문에 무솔리니에 대한 내용을 싣지 못하게 했어요.

③ 모든 국민이 무솔리니에게 충성하도록 했어요.

④ 모든 국민이 나라를 위해 희생하도록 교육했어요.

4 무솔리니는 독재를 하면서 이탈리아를 어떤 국가로 만들었는지 쓰세요.

_____ 국가

 • **혁명가** 국가나 사회의 제도와 조직 등을 기초부터 새롭게 고치기 위해 활동하는 사람.

• **파시스트당** 개인의 자유보다 국가의 이익이 중요하다고 주장한 이탈리아의 정당.

• **독재** 한 개인이나 집단이 모든 권력을 차지하고 마음대로 일을 처리함.

• **전체주의** 개인의 자유나 권리보다 국가 전체의 이익을 강조하는 사상.

6일차 독일의 권력을 잡은 강력한 독재자, 히틀러

대공황으로 독일의 경제는 극심한 혼란에 빠졌어요. 정부를 믿지 못했던 독일 국민은 보다 강력하고 믿음직한 지도자를 원했지요. 그때 나치당*의 우두머리인 히틀러가 목소리를 높였어요.

"우리 국민이 모두 힘을 모으면 독일을 세계 최고의 나라로 만들 수 있습니다."

히틀러는 뛰어난 말솜씨로 사람들의 마음을 사로잡았어요. 그 뒤 나치당은 선거에서 이겼고, 히틀러는 독일의 수상이 되었어요. 그러자 히틀러는 법을 바꾸고 나치당을 제외한 다른 정당*을 모두 없앴어요. 히틀러에 반대하는 사람은 잡아 가두거나 죽이는 등 독재를 시작했지요. 1934년 독일 대통령이 세상을 떠나자 히틀러는 총통*의 자리에까지 올랐어요.

히틀러는 전체주의를 내세우며 권력을 마음대로 휘둘렀어요. 집집마다 히틀러의 초상화를 걸게 하고, 신문과 영화, 방송 등에서 히틀러를 끊임없이 찬양하며 숭배하게 했지요.

히틀러는 독일 곳곳에 건물과 도로를 만들고 공장을 세웠어요. 그러자 일자리가 늘어나면서 경제가 빠르게 나아졌어요. 1936년에는 올림픽까지 성공적으로 개최하면서 히틀러를 향한 독일 사람들의 지지는 점점 높아졌어요.

20

1 나치당의 우두머리에 대한 글을 읽고, 빈 곳에 알맞은 말을 쓰세요.

나치당의 우두머리인 _____는 국민이 모두 힘을 모으면 독일을 세계 최고의 나라로 만들 수 있다고 했어요.

2 히틀러에 대해 바르게 말한 아이를 모두 찾아 이름에 ○ 하세요.

현미   뛰어난 말솜씨로 독일 사람들의 마음을 사로잡았어요.

주은   나치당이 선거에 이기면서 독일의 수상이 되었어요.

경석   독일 대통령이 세상을 떠나자, 총통의 자리에서 내려왔어요.

3 히틀러가 독일의 수상이 되고 나서 한 일로 맞으면 ○, 틀리면 ✕ 하세요.

(1) 법을 바꾸고 나치당을 제외한 다른 정당을 모두 없앴어요.   (   )

(2) 히틀러에 반대하는 사람의 의견도 잘 받아들였어요.   (   )

(3) 히틀러를 끊임없이 찬양하며 숭배하게 했어요.   (   )

4 히틀러에 대한 글을 읽으면서 알맞은 말에 ○ 하세요.

히틀러가 건물과 도로를 만들고 공장을 세우자 일자리가 (늘어나면서 / 줄어들면서) 독일의 경제가 빠르게 (나아졌어요 / 나빠졌어요).

용어풀이
• **나치당** 히틀러의 지도 아래 독일의 정권을 잡고 제2차 세계 대전을 일으킨 정당.
• **정당** 정치적인 생각이나 주장이 같은 사람들이 정권을 잡고 모인 단체.
• **총통** 나치당의 최고 책임 직위. 1934년에 히틀러가 독일의 모든 권력을 차지하고 이 칭호를 썼음.
• **개최** 모임이나 행사, 경기 등을 계획하여 엶.

제2차 세계 대전으로 혼란에 빠진 전 세계

위대한 독일 민족이 살아갈 땅은 넓어야 한다고 생각한 히틀러는 전쟁 준비를 하면서 주변 나라를 넘보았어요. 영국과 프랑스는 전쟁을 피하려고 독일이 원하는 땅을 내주었어요. 하지만 독일은 이탈리아, 일본과 군사 동맹을 맺고, 1939년 폴란드를 침략했어요. 그러자 영국과 프랑스가 독일에 선전 포고*를 하면서 제2차 세계 대전이 시작되었어요.

독일은 순식간에 노르웨이, 프랑스 등 유럽 대부분을 점령했어요. 영국만이 강하게 저항하며 버텼지요. 그러자 독일은 소련을 공격해 수도인 모스크바까지 쳐들어갔어요. 하지만 스탈린그라드* 전투에서 악착같이 저항하는 소련군에게 크게 지고 말았지요.

영국과 미국의 연합군*은 이 기세를 몰아 북아프리카에서 독일과 이탈리아 군대를 몰아내고, 이탈리아까지 점령했어요. 그러고는 대규모의 군대를 노르망디* 해변으로 보냈어요. 총공격을 퍼부으며 노르망디 상륙 작전을 펼쳐 프랑스를 되찾았어요.

이어 연합군은 독일로 쳐들어갔어요. 치열한 전투 끝에 1945년 5월 연합군은 독일의 베를린을 점령했고, 히틀러는 스스로 목숨을 끊었어요. 이탈리아의 독재자 무솔리니도 여러 나라로 도망 다니다가 끝내 죽임을 당했어요.

1939년
제2차 세계 대전이
시작됨.

1942년
스탈린그라드 전투가
벌어짐.

1944년
연합군이 노르망디
상륙 작전을 펼침.

1945년
독일이 항복함.

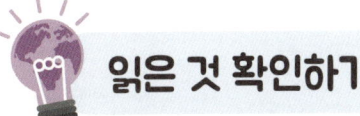

1 독일이 폴란드를 침략하기 전 군사 동맹을 맺은 나라를 모두 찾아 ⦿로 묶으세요.

미국	일본	소련
이탈리아	프랑스	

2 사건이 일어난 순서에 맞게 번호를 쓰세요.

- 연합군이 북아프리카에서 독일과 이탈리아 군대를 몰아냈어요.　(　　　)
- 독일이 폴란드를 침략했어요.　(　　　)
- 독일이 소련의 수도인 모스크바까지 쳐들어갔어요.　(　　　)
- 연합군이 독일의 베를린을 점령했어요.　(　　　)

3 연합군이 대규모의 군대를 보내 총공격을 퍼부어 프랑스를 되찾은 작전은 무엇인지 쓰세요.

✎ _____

4 제2차 세계 대전에 대한 설명으로 맞는 것을 모두 고르세요.　　(　　, 　　)

① 폴란드를 침략한 독일에 영국과 프랑스가 선전 포고를 하면서 시작되었어요.

② 독일은 순식간에 영국까지 점령했어요.

③ 독일은 스탈린그라드 전투에서 소련군에게 크게 이겼어요.

④ 연합군이 베를린을 점령하자, 히틀러는 스스로 목숨을 끊었어요.

🔍 **용어풀이**
- **선전 포고** 다른 나라와 전쟁을 시작한다는 것을 공식적으로 선언하고 알리는 일.
- **스탈린그라드** 러시아 볼가강 하류에 있는 도시로, 제2차 세계 대전 때 격렬한 전투가 벌어진 곳 중 하나.
- **연합군** 전쟁에서 둘 이상의 나라가 합쳐 만들어진 군대.
- **노르망디** 프랑스 서북부에 있는 지방. 동쪽으로 센강이 흐르고, 서쪽으로는 영국 바다와 닿아 있음.
- **노르망디 상륙 작전** 아이젠하워 장군의 지휘로 이루어진 작전으로, 이 작전에 성공해 프랑스가 나치 독일군으로부터 해방되고 제2차 세계 대전에 결정적인 영향을 줌.

일본은 대공황의 심각한 경제 위기를 전쟁으로 해결하려고 했어요. 부족한 자원과 식량을 다른 나라에서 얻으려고 했지요.

일본은 중국을 침략해 중일 전쟁*을 벌였어요. 이어서 동남아시아도 노렸지요. 미국은 일본이 동남아시아까지 차지하려는 것을 두고 볼 수 없었어요. 그래서 일본이 가장 필요로 하는 석유 수출*을 금지했어요. 그러자 일본은 미국의 해군이 머물고 있는 태평양 하와이의 진주만*을 공격했어요.

미국이 바로 일본에 선전 포고를 하면서 아시아·태평양 전쟁이 일어났어요. 일본과 동맹을 맺은 독일과 이탈리아도 전쟁에 참여하면서, 전쟁은 전 세계로 번졌어요.

처음에는 일본이 이기면서 동남아시아 곳곳을 점령했어요. 하지만 미드웨이 해전*에서 미국이 이기면서 상황이 달라졌어요. 일본은 미국에 점점 밀렸지만, 항복하지 않고 3년이나 버텼어요.

전쟁이 길어지자 미국은 일본에게 항복을 받아 내야겠다고 생각했어요. 1945년 8월, 일본의 히로시마와 나가사키에 무시무시한 원자 폭탄*을 떨어뜨렸어요. 일본 땅은 순식간에 폐허가 되었고, 일본은 곧바로 항복했어요. 그러면서 제2차 세계 대전은 연합군의 승리로 끝이 났답니다.

▲ 원자 폭탄으로 폐허가 된 히로시마의 건물

1941년
아시아·태평양 전쟁이 일어남.

1942년
미드웨이 해전에서 미국이 승리함.

1945년
아시아·태평양 전쟁과 제2차 세계 대전이 끝남.

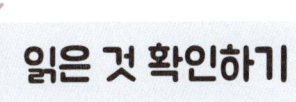 **읽은 것 확인하기**　　　　　📅 읽은 날짜 :　　　월　　　일

1 미국의 해군이 머물고 있는 하와이의 진주만을 일본이 공격하면서 일어난 전쟁은 무엇인지 쓰세요.

✏️ ＿＿＿＿＿＿＿＿＿＿＿＿＿＿＿＿＿＿＿＿＿＿＿＿＿

2 일본이 아시아·태평양 전쟁을 일으킨 이유에 대한 글을 읽으면서 알맞은 말에 ○ 하세요.

> 중국을 침략한 일본이 (동남아시아 / 유럽)까지 차지하려고 하자, 미국이 이를 막기 위해 일본에 가장 필요한 (식량 / 석유) 수출을 금지했기 때문이에요.

3 아시아·태평양 전쟁에 대해 바르게 말한 아이를 모두 찾아 이름에 ○ 하세요.

> **현주**　처음에는 일본이 동남아시아 곳곳을 점령했어요.
>
> **태현**　미드웨이 해전에서 미국이 일본을 이겼어요.
>
> **유진**　일본은 미드웨이 해전에서 미국에게 지자 바로 항복했어요.

4 일본이 항복한 이유에 대한 글을 읽고, 빈 곳에 알맞은 말을 쓰세요.

> 1945년 8월, 미국이 일본에 ＿＿＿＿＿＿＿＿＿을 떨어뜨리자 일본 땅이
>
> 순식간에 폐허가 되어, 곧바로 항복했어요.

🔍 **용어풀이**
- **중일 전쟁** 1937년에 일본이 중국 땅을 정복하려고 일으킨 전쟁.
- **수출** 상품이나 기술을 다른 나라에 팔아 내보냄.
- **진주만** 미국 하와이주, 하와이 제도의 오아후섬에 있는 만. 아시아·태평양 전쟁이 시작된 곳.
- **미드웨이 해전** 하와이 서북쪽에 있는 미드웨이섬 근처에서 벌어진 미국과 일본 해군의 싸움.
- **원자 폭탄** 원자핵이 쪼개지면서 생기는 에너지를 이용한 폭탄.

전쟁의 아픔이 고스란히 담긴 《안네의 일기》

'유대인은 노란 별표를 달아야 하고, 전차와 자동차는 타면 안 돼. 영화관에도 가면 안 되고, 밤 8시가 지나면 외출할 수 없어. 온통 하면 안 되는 것투성이야. 하지만 지금까지 용케* 살아왔어.'

유대인 소녀인 안네 프랑크가 제2차 세계 대전 때 쓴 《안네의 일기》의 한 부분이에요.

안네의 가족은 독일의 나치당을 피해 네덜란드에서 숨어 살았어요. 히틀러가 유대인은 모두 사라져야 한다면서 닥치는 대로 수용소*로 잡아갔기 때문이에요. 안네의 가족은 안네 아버지 회사 사무실의 은신처에서 지냈어요. 절대 밖으로 나가지 않고, 숨죽이며 하루하루를 살았지요.

안네는 자신의 일기장을 '키티'라고 부르며 날마다 있었던 일을 자세히 기록했어요. 하지만 은신처가 들키면서 일기는 1944년 8월 1일에 끝나고 말아요. 안네의 가족은 모두 수용소로 끌려갔고, 안네는 수용소에서 병으로 죽게 되지요. 안네의 아버지만 겨우 살아남아 안네의 일기가 책으로 나올 수 있었어요. 《안네의 일기》에는 독일의 만행,* 전쟁의 공포 등이 자세히 담겨 있어요. 또 희망을 잃지 않았던 안네의 모습도 볼 수 있지요.

1942년
안네가 일기를 쓰기 시작함.

1945년
안네가 죽음.

1947년
《안네의 일기》가 출간됨.

1 유대인이 하면 안 되는 것을 모두 찾아 ◯ 하세요.

노란 별표를 다는 것	전차와 자동차를 타는 것	영화관에 가는 것

2 제2차 세계 대전 때 쓴 안네 프랑크의 일기를 모아 펴낸 책의 이름을 쓰세요.

✏️ _____

3 안네의 가족에 대한 설명으로 맞는 것을 모두 고르세요.   (,   )

① 독일의 나치당을 피해 네덜란드에 숨어 살았어요.

② 안네 아버지 회사 사무실의 은신처에서 지냈어요.

③ 은신처가 들키면서 안네의 가족은 모두 집으로 돌아갔어요.

④ 안네의 아버지는 수용소에서 병으로 죽었어요.

4 《안네의 일기》에 대한 글을 읽고, '맞아요'와 '틀려요' 중에서 알맞은 쪽에 색칠하세요.

• 살아남은 안네가 자신의 일기를 모아 펴낸 책이에요.	맞아요	틀려요
• 안네는 자신의 일기장을 '키티'라고 불렀어요.	맞아요	틀려요
• 일기에는 독일의 만행, 전쟁의 공포 등이 담겨 있어요.	맞아요	틀려요

 용어 풀이

• **용케** 기특하고 장하게, 매우 다행스럽게.

• **수용소** 많은 사람을 한꺼번에 한곳에 가두거나 모아 넣는 곳.

• **은신처** 몸을 숨기는 곳.

• **만행** 잔인하고 야만스러운 행동.

결과가 다른 독일과 일본의 전범 재판

제2차 세계 대전 때 독일과 일본은 전쟁과 상관없는 민간인들을 학대하고 죽이기를 일삼았어요. 그래서 전쟁이 끝나고 미국과 영국, 소련, 프랑스는 재판을 열어 독일의 나치당과 일본의 전범*들을 처벌하기로 했어요.

1945년 11월, 독일의 뉘른베르크*에서 역사상 최초로 전범 재판이 열렸어요. 나치당의 주요 지도자 24명이 재판을 받았지요. 1946년에는 나치당에 협조한 의사나 법관, 재벌 등도 재판을 받고 처벌되었어요.

재판을 통해 나치당이 저지른 끔찍한 범죄가 세상에 알려지자, 독일 사람들은 지난 잘못을 반성했어요. 재판이 끝난 뒤에도 독일은 숨어 있는 전범을 찾아 처벌하고 있으며, 이 일은 지금까지도 계속되고 있어요.

독일과 같이 일본의 전범들도 1946년 도쿄에서 재판을 받았어요. 하지만 일본의 전범들은 대부분 증거가 부족하다는 이유로 처벌받지 않았어요. 일본의 천황은 처벌은커녕 재판도 받지 않았지요.

일본은 지금도 거짓된 내용으로 교과서를 만들어 자신들의 죄를 숨기고 있어요. 그뿐만 아니라 야스쿠니 신사*에서 제2차 세계 대전의 전범을 위해 참배*하는 등 전쟁에서 저지른 잘못을 반성하지 않고 있어요.

▲ 독일의 전범 재판

1945년
독일 전범들이
재판을 받기 시작함.

1946년
일본 전범들이
재판을 받기 시작함.

1 1945년 독일의 전범 재판이 열린 곳은 어디인지 쓰세요.

✏️

_____

2 독일의 전범 재판에 대한 설명으로 <u>틀린</u> 것을 고르세요.　　　　(　　　　)

① 독일의 뉘른베르크에서 역사상 최초로 전범 재판이 열렸어요.

② 나치당의 지도자들만 재판을 통해 처벌을 받았어요.

③ 전범 재판으로 나치당이 저지른 범죄가 세상에 알려졌어요.

④ 독일은 재판이 끝난 뒤에도 숨은 전범을 찾아 처벌하고 있어요.

3 일본의 전범들에 대해 바르게 말한 아이를 모두 찾아 이름에 ◯ 하세요.

> **경미**　1946년 도쿄에서 재판을 받았어요.
>
> **재희**　증거가 부족하다며 대부분 처벌을 받지 않았어요.
>
> **혜정**　일본의 천황만 재판을 받고 처벌되었어요.

4 일본에 대한 글을 읽고, 빈 곳에 알맞은 말을 쓰세요.

> 일본은 지금도 거짓된 내용으로 교과서를 만들거나 _____ 신사에
>
> 참배하며 전쟁에서 저지른 잘못을 반성하지 않고 있어요.

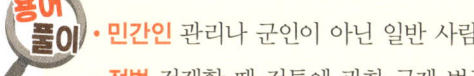
- **민간인** 관리나 군인이 아닌 일반 사람.
- **전범** 전쟁할 때 전투에 관한 국제 법규를 어기거나 사람으로서 하지 말아야 할 행동을 하는 등의 범죄, 또는 그런 범죄를 저지른 사람.
- **뉘른베르크** 독일의 바이에른주에 있는 상공업 도시. 독일의 전범 재판이 있었음.
- **야스쿠니 신사** 일본 도쿄에 있는 사당으로, 메이지 이후 전쟁 등으로 일본 왕을 위해 목숨을 바친 사람들을 위해 제사를 지내는 곳. 아시아·태평양 전쟁 전범들의 제사도 지냄.
- **참배** 무덤이나 죽은 사람을 기념하는 기념비 등의 앞에서 추모의 뜻을 나타냄.

알쏭? 달쏭?

글을 읽고, 해당하는 낱말을 글자판에서 찾아 ⬭로 묶으세요.
낱말은 가로, 세로로 찾을 수 있어요.

모	네	나	치	당	진
자	덜	이	마	경	주
선	란	스	혁	명	가
전	드	히	로	시	마
포	론	이	탈	리	아
고	진	주	만	로	마

1 국가나 사회의 제도와 조직 등을 기초부터 새롭게 고치기 위해 활동하는 사람을 말해요.

2 1919년에 반민주, 반공산, 반유대주의를 내세우며 만들어진 독일의 정당으로, 히틀러가 우두머리예요.

3 다른 나라와의 전쟁을 시작한다는 것을 공식적으로 선언하고 알리는 일이에요.

4 하와이에 있는 만으로, 아시아·태평양 전쟁이 시작된 곳으로 유명해요.

5 1945년에 미국이 일본의 나가사키와 이곳에 원자 폭탄을 떨어뜨렸어요.

6 안네의 가족이 독일의 나치당을 피해 숨어 살았던 나라예요.

30

독일의 아우토반을 히틀러가 만들었다고?

유럽 여러 나라와 연결되는 독일의 고속 도로인 아우토반은 히틀러가 만들었어. 이전에 만들다 만 도로를 연결해 전국을 잇는 고속 도로를 만들었지. 당시 독일은 대공황으로 아주 많은 사람들이 일자리를 잃었어. 그래서 히틀러는 아우토반을 건설해 일자리를 만들고 경제를 살리려고 했어. 아우토반은 주변 경치를 고려해 많은 구간을 곡선으로 만들고, 곳곳에 휴게소도 설치했어. 제2차 세계 대전 때에는 비행기의 활주로로 이용되기도 했고, 고속 도로에 있는 터널에 비행기와 전쟁 물품 등을 숨기기도 했대.

독일의 아우토반 ▶

인류를 위협하는 무서운 무기, 원자 폭탄

제2차 세계 대전 때 일본에 떨어진 원자 폭탄으로 당시 20만여 명이 목숨을 잃고, 일본은 폐허가 되었어. 이를 본 세계 사람들은 원자 폭탄이 인류를 멸망시킬 수 있는 최악의 무기라는 것을 알게 되었지. 그런데 원자 폭탄은 왜 만들어진 걸까? 1930년대 말 나치당이 원자 폭탄을 개발한다는 소문이 돌았어. 영국과 미국은 나치당이 원자 폭탄을 가지면 큰일이 날 거라 생각했지. 그래서 세계 최고의 과학자들을 모아 나치당보다 먼저 원자 폭탄을 개발했어. 그 후 원자 폭탄보다 강력한 무기가 계속 만들어지면서 오늘날 인류를 위협하고 있단다.

세계 평화를 지키는 국제 연합

두 번의 큰 전쟁으로, 사람들은 나라 사이의 갈등을 평화롭게 해결하는 것이 가장 중요하다고 생각했어요. 그래서 1945년 10월, 세계 51개의 나라가 미국에서 모여 세계 평화를 유지하고 전쟁을 예방하기 위한 국제기구*인 '국제 연합'을 만들었어요.

국제 연합에서는 세계에 분쟁*이 벌어지면 여러 나라의 군사로 구성된 '평화 유지군'을 보내 분쟁을 조정할 수 있도록 했어요. 또 인권을 보호하고, 나라 사이의 협력을 위해 여러 기구를 만들었어요.

국제 연합의 주요 기구에는 각 나라의 대표들이 국제 문제에 대해 의견을 나누는 총회, 국제 연합의 운영을 돕는 사무국, 국제 평화를 책임지는 안전 보장 이사회가 있어요. 경제, 사회, 문화와 관련된 문제를 연구하는 경제 사회 이사회, 나라 사이에 법적 문제를 해결하는 국제 사법 재판소, 신탁 통치*를 감독하는 신탁 통치 이사회도 있지요.

이 밖에도 국제 연합에서는 세계 유산*을 선정하고 교육, 과학, 문화 협력에 힘쓰는 유네스코나 세계의 위생과 보건을 맡아보는 세계 보건 기구 같은 전문 기구도 두어 오늘날 세계 평화와 발전을 위해 노력하고 있어요.

▲ 국제 연합 총회

1945년
국제 연합이 만들어짐.

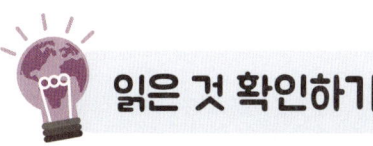 

1 1945년 세계 평화를 유지하고 전쟁을 예방하기 위해 만든 국제기구의 이름을 쓰세요.

✎ _____

2 세계에 분쟁이 벌어졌을 때 국제 연합에서 보내는 것은 무엇인지 알맞은 글자를 모두 찾아 색칠하세요.

평　분　화　유　조　지　정　군

3 국제 연합의 주요 기구들이 하는 일로 알맞은 것을 찾아 줄로 이으세요.

안전 보장 이사회	•	•	국제 평화를 책임지는 일을 해요.
사무국	•	•	나라 사이의 법적 문제를 해결해요.
국제 사법 재판소	•	•	국제 연합의 운영을 도와요.

4 세계 유산을 선정하는 국제 연합의 전문 기구를 찾아 ○ 하세요.

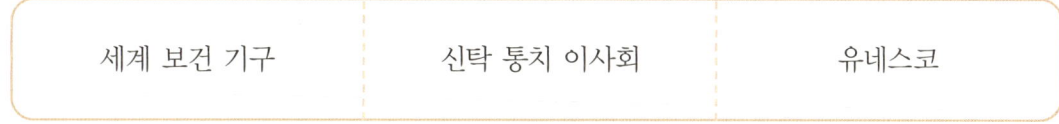

| 세계 보건 기구 | 신탁 통치 이사회 | 유네스코 |

용어풀이
- **국제기구** 어떤 목적을 위하여 둘 이상의 나라가 모여 활동을 하기 위해 만든 단체.
- **분쟁** 서로 물러서지 않고 치열하게 다툼.
- **신탁 통치** 스스로 다스릴 능력이 없는 나라를 강대국이 일정 기간 맡아 다스리는 것.
- **세계 유산** 유네스코가 '세계 문화 및 자연 유산 보호 협약'에 따라 지정하고 있는 세계적 자산.
- **선정** 여럿 가운데 어떤 것을 뽑아 정함.

제2차 세계 대전이 끝나고 소련의 도움으로 동유럽 나라들에 공산주의* 정부가 들어섰어요. 자본주의*를 따르는 미국은 서유럽에 공산주의 세력이 커질까 봐 걱정했어요. 그래서 자본주의를 선택하는 서유럽의 나라들에 엄청난 경제적 지원을 제공하는 정책인 '마셜 계획'을 발표했어요.

당시 독일의 서쪽은 미국, 영국, 프랑스가 차지하고, 동쪽은 소련이 차지하고 있었어요. 독일의 베를린도 둘로 나누어져 서베를린은 미국, 영국, 프랑스가 관리하고, 동베를린은 소련이 관리했지요. 그런데 마셜 계획이 성공하자 이에 반발*한 소련이 서베를린으로 들어가는 길을 모두 막아 버렸어요. 미국은 비행기로 생활에 필요한 물건들을 서베를린에 실어 나르며 소련에 맞섰고, 이 일로 미국과 소련의 사이가 나빠졌어요.

1949년 미국과 서유럽 나라들은 군사 동맹 기구인 '북대서양 조약 기구'를 만들어 공산주의 국가의 침략에 대비했어요. 이에 소련도 동유럽 나라들과 경제 협력 기구인 '경제 상호 원조 회의'를 세웠어요. 1955년에는 군사 동맹 기구인 '바르샤바 조약 기구'도 만들어 미국에 맞섰지요. 미국 중심의 자본주의 진영과 소련 중심의 공산주의 진영이 대립하는 냉전* 체제가 만들어진 거예요.

1947년	1948년	1949년	1955년
미국이 마셜 계획을 발표함.	소련이 서베를린을 봉쇄함.	북대서양 조약 기구와 경제 상호 원조 회의가 만들어짐.	바르샤바 조약 기구가 만들어짐.

1 미국이 서유럽의 나라에 엄청난 경제적 지원을 제공하기 위해 발표한 정책의 이름을 쓰세요.

✎ _____

2 빈 곳에 들어갈 말을 〈보기〉에서 찾아 쓰세요.

보기

공산주의

자본주의

_____를 따르는 미국은 서유럽에

_____ 세력이 커지는 것을 막기 위해 마

셜 계획을 발표했어요.

3 소련과 관련 있는 기구를 모두 찾아 색칠하세요.

경제 상호 원조 회의　　　북대서양 조약 기구　　　바르샤바 조약 기구

4 자본주의 진영과 공산주의 진영에 대한 글을 읽으면서 알맞은 말에 ○ 하세요.

제2차 세계 대전이 끝나고, 미국 중심의 자본주의 진영과 소련 중심의 공산주의 진영이 대립하는 (냉전 / 평화) 체제가 만들어졌어요.

 **용어풀이**
• **공산주의** 개인의 재산 소유를 인정하지 않고 모든 사람들이 재산을 공동으로 소유하는 사회 제도.
• **자본주의** 개인이 재산을 소유하고 이익을 얻기 위해 생산 활동을 하도록 보장하는 사회 제도.
• **반발** 어떤 상태나 행동 등에 대하여 반대함.
• **진영** 정치적, 사회적, 경제적으로 서로 대립을 이루는 세력의 어느 한쪽.
• **냉전 체제** 미국 중심의 자본주의 진영과 소련 중심의 공산주의 진영이 직접 무력을 쓰지 않고, 경제, 외교 등에서 서로 대립하였던 경쟁 체제.

13일차 식민지에서 벗어나 독립을 이룬 아프리카

1950년대부터 아프리카에서는 리비아를 시작으로 많은 나라가 독립을 하여 식민지에서 벗어났어요.

120년 넘게 프랑스의 지배를 받은 알제리*에는 프랑스 사람들이 많이 건너와 살고 있어 독립이 쉽지 않았어요. 알제리는 8년 동안이나 프랑스와 독립 전쟁을 벌인 끝에 1962년 마침내 독립을 이루었어요.

이집트는 제1차 세계 대전이 끝나고 영국으로부터 독립을 했어요. 하지만 수에즈 운하 운영권을 가진 영국은 이집트에 군대를 두고 수에즈 운하의 통행료를 챙기면서 이집트를 간섭했어요. 1956년 이집트의 대통령인 나세르*가 영국으로부터 수에즈 운하를 되찾겠다고 하자, 영국이 이집트를 공격했어요. 이집트는 강하게 맞서 싸웠고, 미국도 이집트 편을 들었어요. 결국 영국이 물러나면서 이집트는 완전히 독립하게 되었어요.

알제리와 이집트의 독립 의지는 아프리카 전체로 번졌어요. 1950년대 중반부터 모로코와 가나 등이 독립을 했고, 1960년에는 나이지리아, 콩고 등 무려 17개 나라가 독립을 이루었지요. 그래서 1960년을 '아프리카의 해'라고 부르기도 해요.

1951년
리비아가
독립함.

1956년
이집트가 수에즈 운하를
되찾겠다고 선포함.

1957년
가나 독립함.

1962년
알제리가 독립함.

 **읽은 것 확인하기** 📅 읽은 날짜 :　월　일  **13일차**

1 알제리에 대한 글을 읽고, '맞아요'와 '틀려요' 중에서 알맞은 쪽에 색칠하세요.

> • 120년 넘게 영국의 지배를 받았어요.　　맞아요｜틀려요
>
> • 알제리에는 프랑스 사람들이 많이 살았어요.　　맞아요｜틀려요
>
> • 알제리의 독립 전쟁은 8년 동안이나 계속되었어요.　　맞아요｜틀려요

2 1956년 이집트의 대통령인 나세르가 영국으로부터 되찾겠다고 한 것은 무엇인지 쓰세요.

✏️ _____

3 이집트에 대한 설명으로 맞는 것을 고르세요.　　（　　　）

① 제1차 세계 대전이 끝나고 영국으로부터 완전히 독립했어요.

② 수에즈 운하를 되찾겠다고 선포한 뒤 영국의 공격을 받았어요.

③ 미국이 영국의 편을 들어 끝내 완전히 독립하지 못했어요.

4 아프리카의 17개 나라가 독립을 하면서 '아프리카의 해'라고 불린 때는 언제인지 찾아 ○ 하세요.

1950년	1960년	1970년

 **용어풀이** • **알제리** 아프리카 대륙 서북부에 있는 나라로, 지중해와 닿아 있음.

• **나세르** 이집트의 군인이자 정치가로, 1952년에 무력으로 정권을 빼앗아 대통령이 됨.

37

미국과 소련의 우주 경쟁

냉전 시대에 미국과 소련은 인공위성* 발사 같은 우주 개발* 분야에서 서로 경쟁을 벌였어요. 인공위성을 이용해 다른 나라를 공격할 수도 있고, 전 세계에 과학 기술의 우수함을 널리 알릴 수도 있기 때문이에요.

인공위성 발사에 먼저 성공한 나라는 소련이었어요. 1957년 소련이 쏘아 올린 스푸트니크 1호가 지구 궤도*에 올랐어요. 4년 뒤에는 소련이 세계 최초로 발사한 유인 우주선*이 지구 궤도를 1시간 넘게 도는 데 성공했지요.

"저 로켓에 핵무기*를 실어 우리 미국을 공격할 수도 있겠어!"

이 일로 미국은 엄청난 충격을 받았어요. 그래서 소련보다 먼저 사람을 달에 착륙시키겠다며 엄청난 돈을 들여 '아폴로 계획'을 추진했어요. 그리고 1969년 우주 비행사를 태운 우주선인 아폴로 11호가 세계 최초로 달 착륙에 성공했어요.

소련도 우주선을 보내 적극적으로 달을 탐사하였지만, 사람을 달에 착륙시키는 데는 실패했어요. 냉전 시대에 벌어진 미국과 소련의 우주 개발은 미국의 승리로 끝이 난 셈이지요. 하지만 덕분에 전 세계의 과학 기술과 산업은 크게 발전했고, 오늘날 사람들의 생활도 더욱 편리해졌답니다.

▲ 아폴로 11호를 타고 달에 간 우주 비행사

1957년
소련이 세계 최초로
인공위성 발사에 성공함.

1961년
소련이 첫 유인
우주선 발사에 성공함.

1969년
아폴로 11호가
달 착륙에 성공함.

읽은 것 확인하기

1 가장 먼저 인공위성 발사에 성공한 나라는 어디인지 찾아 색칠하세요.

　　미국　　　　　　영국　　　　　　소련　　　　　　프랑스

2 소련의 우주 개발에 대한 설명으로 맞는 것을 모두 고르세요.　　　　(　 , 　)

① 스푸트니크 1호를 우주로 쏘아 올렸어요.

② 세계 최초로 달 착륙에 성공했어요.

③ 아폴로 11호를 우주로 발사했어요.

④ 세계 최초로 유인 우주선 발사에 성공했어요.

3 미국이 소련보다 먼저 달에 사람을 착륙시키기 위해 추진한 계획은 무엇인지 쓰세요.

✎ _____

4 냉전 시대에 벌어진 미국과 소련의 우주 개발에 대해 바르게 말한 아이를 모두 찾아 이름에 ○ 하세요.

민수	소련도 사람을 달에 착륙시키는 데 성공했어요.
정민	아폴로 11호는 화성을 탐사했어요.
유미	냉전 시대의 미국과 소련의 우주 개발은 미국의 승리로 끝났어요.
태오	우주 경쟁 덕분에 전 세계의 과학과 산업이 크게 발전했어요.

🔍 **용어풀이**
- **인공위성** 지구와 같은 행성 둘레를 돌면서 관찰할 수 있도록 로켓을 이용하여 쏘아 올린 물체.
- **우주 개발** 로켓이나 인공위성 등으로 우주를 조사하고 연구하여 인간에게 도움이 되는 새로운 기술을 개발하는 일.
- **궤도** 중력의 영향을 받아 행성, 혜성, 인공위성 등이 다른 천체의 둘레를 도는 곡선의 길.
- **유인 우주선** 사람이 탄 우주선.
- **핵무기** 원자 폭탄이나 수소 폭탄 등의 핵반응으로 생기는 힘을 이용한 무기.

15
일차

팔레스타인 지역의 끝없는 분쟁

영국은 제1차 세계 대전 때 아랍인과 유대인에게 전쟁을 도와주면 팔레스타인* 지역에 나라를 세우게 해 주겠다고 각각 약속했어요. 하지만 영국은 1948년 유대인에게만 팔레스타인 지역에 이스라엘*을 세우는 것을 도와주었고, 이 때문에 팔레스타인 땅에서 오래전부터 살았던 아랍인들은 쫓겨났어요.

쫓겨난 팔레스타인 사람들과 주변 아랍 국가들은 이스라엘을 공격했어요. 이스라엘과 아랍 국가들 사이에 제1차 중동 전쟁이 일어난 것이지요. 1956년에는 수에즈 운하의 통행 문제로 제2차 중동 전쟁이 일어났고, 1967년에는 영토 확장 문제로 제3차 중동 전쟁이 일어났어요. 이스라엘은 세 번의 전쟁에서 모두 이겨 영토를 넓히면서 팔레스타인 지역에 완전히 자리 잡았어요. 그러다 시리아*와 이집트가 이스라엘에 빼앗긴 땅을 찾으려고 공격하면서 1973년에 제4차 중동 전쟁이 일어났지요.

크고 작은 전쟁을 치르면서 이스라엘과 팔레스타인 사람들 사이의 갈등은 더 심해졌어요. 오늘날에도 팔레스타인 자치* 정부 구역인 요르단강 서안 지구와 가자 지구에서는 이스라엘에 저항하는 팔레스타인 사람들에 의해 주요 시설이 파괴되고 테러*가 일어나는 등 분쟁이 계속 되고 있어요.

▲ 이스라엘과 팔레스타인 자치 정부 구역

1948년 — 유대인이 이스라엘을 세움. 제1차 중동 전쟁이 일어남.

1956년 — 제2차 중동 전쟁이 일어남.

1967년 — 제3차 중동 전쟁이 일어남.

1973년 — 제4차 중동 전쟁이 일어남.

1 영국이 아랍인과 유대인에게 전쟁을 도와주는 대가로 나라를 세우게 해 주겠다고 한 곳은 어디인지 쓰세요.

> 지역

2 유대인이 팔레스타인 지역에 세운 나라의 이름을 찾아 ○ 하세요.

시리아	이집트	이스라엘

3 유대인이 팔레스타인 지역에 이스라엘을 세우고 일어난 일로 맞으면 ○, 틀리면 ✕ 하세요.

⑴ 팔레스타인 땅에서 오래전부터 살았던 아랍인들이 쫓겨났어요.　　　　(　　　)

⑵ 제1차 중동 전쟁이 일어났어요.　　　　(　　　)

⑶ 화가 난 영국 사람들이 아랍 국가들과 함께 이스라엘을 공격했어요.　　　　(　　　)

4 네 차례 벌어진 중동 전쟁에 대한 설명으로 맞는 것을 모두 고르세요.　　　(　　, 　　)

① 시리아와 이집트가 이스라엘을 공격해서 제2차 중동 전쟁이 일어났어요.

② 이스라엘은 세 번의 전쟁에서 모두 이겨 영토를 넓혔어요.

③ 전쟁을 치르면서 이스라엘과 팔레스타인 사람들 사이의 갈등이 심해졌어요.

④ 이스라엘이 이기면서 팔레스타인 지역에는 평화가 찾아왔어요.

용어풀이
- **팔레스타인** 아시아 서쪽, 지중해 동남쪽 기슭에 있는 지방.
- **이스라엘** 아시아 서부 지중해 연안에 있는 나라로, 1948년에 유대인이 세움.
- **시리아** 서아시아 지중해 연안에 있는 나라.
- **자치** 독자적으로 행정 업무를 수행함.
- **테러** 폭력을 사용하여 상대를 해치거나 공포를 느끼게 하는 행위.

16 일차 사회주의 국가를 탄생시킨 베트남 전쟁

1945년 공산당*을 이끄는 호찌민이 북베트남에 베트남 민주 공화국을 세우고 독립을 선언했어요. 그러자 프랑스가 남베트남에 임시 정부를 세우고 베트남의 독립을 막았어요. 베트남은 8년 동안의 전쟁 끝에 프랑스를 물리쳤지만, 북베트남과 남베트남으로 나누어졌지요.

호찌민은 둘로 나뉜 베트남을 통일하려고 했어요. 그러자 이번에는 미국이 남베트남에 반공 정권을 세우고 베트남의 통일을 방해했어요. 베트남이 사회주의 국가로 통일되는 것을 막기 위해서였지요.

남베트남에서 조직된 베트콩*들은 북베트남과 함께 남베트남 정부에 맞서 싸웠어요. 그러던 중 북베트남의 배가 미국 해군의 배를 공격하는 사건이 일어났어요. 미국은 곧바로 북베트남의 주요 시설을 폭파하며 보복했어요. 대규모의 군대를 베트남에 보내면서 베트남 전쟁이 일어났지요.

미국은 베트남에 엄청난 공격을 퍼부었어요. 하지만 북베트남과 베트콩들은 게릴라전*을 펼치며 끈질기게 저항했어요. 결국 미국이 베트남 땅에서 물러나고, 1975년에 남베트남 정부가 북베트남에 항복하면서 전쟁은 끝이 났어요. 마침내 베트남이 사회주의 국가로 통일된 것이지요.

1964년
베트남 전쟁이 시작됨.

1975년
베트남이 통일됨.

1 1945년 북베트남에 베트남 민주 공화국을 세우고 독립을 선언한 사람의 이름을 쓰세요.

✏️ _____

2 미국이 베트남의 통일을 방해한 이유는 무엇인지 빈 곳에 알맞은 말을 쓰세요.

> 베트남이 _____ 국가로 통일되는 것을 막기 위해서였어요.

3 사건이 일어난 순서에 맞게 번호를 쓰세요.

> • 프랑스가 남베트남에 임시 정부를 세웠어요.   (   )
>
> • 호찌민이 북베트남에 베트남 민주 공화국을 세우고 독립을 선언했어요. (   )
>
> • 베트남 전쟁이 일어났어요.   (   )
>
> • 미국이 남베트남에 반공 정권을 세웠어요.   (   )

4 베트남 전쟁에 대한 설명으로 맞는 것을 모두 고르세요.   (,   )

① 미국 해군의 배가 북베트남의 배를 공격하면서 일어났어요.

② 미국은 대규모의 군대를 베트남에 보냈어요.

③ 베트콩들은 게릴라전을 펼치며 미국에 끈질기게 저항했어요.

④ 1975년에 북베트남이 항복하면서 전쟁이 끝났어요.

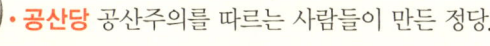

용어풀이
- **공산당** 공산주의를 따르는 사람들이 만든 정당.
- **호찌민** 베트남의 혁명가이자 정치가. 1945년 아시아·태평양 전쟁이 끝나자 베트남 민주 공화국의 독립을 선언함.
- **반공 정권** 공산주의에 반대하는 정치권력.
- **베트콩** 베트남 공산주의자라는 뜻으로, '남베트남 민족 해방 전선'을 이르는 말.
- **게릴라전** 소규모의 부대가 적군을 예기치 못한 때에 갑자기 들이쳐 공격하는 전투.

글을 읽고, 해당하는 낱말을 글자판에서 찾아 ⬭로 묶으세요.
낱말은 가로, 세로로 찾을 수 있어요.

게	인	공	위	성	공
릴	종	공	임	무	송
라	차	기	유	학	회
전	별	관	대	문	강
나	세	르	인	종	낭
비	금	도	베	트	콩

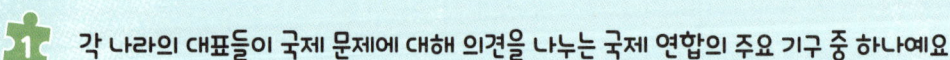

1. 각 나라의 대표들이 국제 문제에 대해 의견을 나누는 국제 연합의 주요 기구 중 하나예요.

2. 영국으로부터 수에즈 운하를 되찾은 이집트의 대통령이에요.

3. 지구 같은 행성의 둘레를 돌면서 관찰하는 물체로, 소련이 미국보다 먼저 쏘아 올렸어요.

4. 1948년 팔레스타인 지역에 이스라엘을 세운 민족이에요.

5. 남베트남에서 활동하던 공산주의자를 부르는 말이에요.

6. 소규모의 부대가 적군을 예기치 못할 때 갑자기 공격하는 전투예요.

사람보다 먼저 우주로 간 동물, 라이카

스푸트니크 1호를 발사한 뒤 소련은 '라이카'라는 개를 우주로 보내기로 했어. 아직 기술이 부족해 사람을 우주로 보내기에는 위험했기 때문이야. 라이카는 원래 떠돌이 개였는데, 한 과학자의 눈에 띄어 우주 비행 훈련을 받게 돼. 라이카는 영리하고 침착해서 힘든 훈련도 잘 이겨 냈지. 1957년 11월, 라이카는 스푸트니크 2호를 타고 우주로 날아갔어. 당시에는 우주선을 지구로 돌아오게 하는 기술이 없었어. 라이카는 일주일 동안 우주를 돌아다니다 자동으로 주사를 맞고 죽을 운명이었지. 하지만 라이카는 우주선에서 발생하는 높은 온도와 심한 진동 등을 견디지 못하고 출발한 지 몇 시간 만에 죽고 말았단다.

사람에게 해로운 약을 마구 뿌렸다고?

베트남 전쟁 때 베트콩들이 밀림에 숨어 있다가 미국 군인들을 갑자기 공격하자 미국은 밀림에 불을 지르고 공중에서 비행기로 고엽제를 마구 뿌렸어. 고엽제는 식물을 말려 죽이는 약인데, 밀림의 식물을 모두 죽여 베트콩이 밀림에 숨지 못하게 하려고 뿌린 거야. 그런데 고엽제에는 몸에 해로운 물질인 다이옥신이 들어 있어. 고엽제 때문에 베트콩뿐만 아니라 전쟁에 참여한 군인, 밀림에 사는 베트남 주민 등 수백만 명이 피해를 입었지. 이로 인해 아직까지도 두통과 피부병, 암, 기형아 출산 등의 고통을 받고 있단다.

중국을 혼란에 빠뜨린 문화 대혁명

중국에서는 1949년 마오쩌둥이 중화 인민 공화국*을 세웠어요. 그리고 경제 성장을 위해 '대약진 운동'을 벌였어요. 대약진 운동은 농민의 힘으로 농업과 공업을 빠르게 발전시키자는 운동이었어요. 하지만 마오쩌둥의 잘못된 계획과 가뭄으로 농민들은 굶주렸고, 대약진 운동은 결국 실패했어요.

"중국에서 낡고 오래된 것들과 자본주의를 모두 몰아내자!"

1966년 8월, 베이징*의 톈안먼 광장*에서 수백만 명의 홍위병들이 소리쳤어요. 문화 대혁명이 일어난 거예요.

마오쩌둥은 대약진 운동이 실패하자, 자신을 따르는 학생들을 모아 홍위병을 만들었어요. 그리고는 그들을 앞세워 문화 대혁명을 일으켰지요. 사회주의를 다시 실천하고, 독재를 하기 위해서였어요.

홍위병들은 중국의 전통문화를 모두 없애 버렸어요. 오래된 문화재를 닥치는 대로 파괴하고, 지식인과 예술가들을 탄압했지요. 또 개혁을 주장하거나 마오쩌둥에 반대하는 사람들은 무조건 비판했어요. 문화 대혁명은 마오쩌둥이 죽은 1976년까지 계속되었고, 그동안 중국 사회는 큰 혼란에 빠졌답니다.

1958년
대약진 운동이 시작됨.

1966년
문화 대혁명이 일어남.

1　마오쩌둥이 한 일로 맞는 것을 모두 찾아 ○ 하세요.

| 중화 인민 공화국을 세웠어요. | 대약진 운동을 벌였어요. | 자본주의를 받아들였어요. |

2　마오쩌둥이 자신을 따르는 학생들을 모아 문화 대혁명을 일으킨 조직은 무엇인지 쓰세요.

✎　_____

3　마오쩌둥이 문화 대혁명을 일으킨 이유에 대해 바르게 말한 아이를 모두 찾아 이름에 ○ 하세요.

종민　사회주의를 다시 실천하기 위해서였어요.

다은　독재를 하기 위해서였어요.

민서　중국의 경제를 발전시키기 위해서였어요.

4　문화 대혁명에 대한 설명으로 맞으면 ○, 틀리면 ✕ 하세요.

⑴ 오래된 문화재를 닥치는 대로 파괴했어요.　　　　　　(　　　　)

⑵ 지식인과 예술가에게 특별한 지원을 해 주었어요.　　(　　　　)

⑶ 마오쩌둥에 반대하는 사람들을 무조건 비판했어요.　(　　　　)

⑷ 마오쩌둥이 죽은 이후에도 계속되었어요.　　　　　　(　　　　)

용어 풀이
- **중화 인민 공화국** 1949년 마오쩌둥이 이끄는 공산당이 중국에 세운 국가로, 오늘날 중국의 정식 명칭.
- **베이징** 오늘날 중국의 수도로, 화베이 평원의 북부에 있는 도시.
- **톈안먼 광장** 중국 베이징 시내 중심 지역에 있는 광장.
- **홍위병** 마오쩌둥을 지지하며 문화 대혁명에 앞장섰던 학생 조직.

놀라운 경제 성장을 이룬 덩샤오핑의 경제 개방

1970년대 말 마오쩌둥의 뒤를 이어 중국의 최고 지도자가 된 덩샤오핑은 중국의 개혁과 개방을 선언했어요. 무너진 중국 경제를 되살리기 위해 자본주의 시장 경제를 받아들였지요.

"검은 고양이든 흰 고양이든 쥐만 잘 잡으면 된다."

덩샤오핑이 한 말이에요. 경제가 발전하고 국민이 잘 살면 자본주의든 공산주의든 상관없다는 뜻이지요.

덩샤오핑은 미국이나 일본 등 선진국*들의 자본*과 기술을 받아들여 농업과 공업, 국방, 과학 등의 현대화를 위해 노력했어요. 또 경제특구*를 만들어 외국인의 경제 활동을 적극 도왔지요. 중국 기업이 자유롭게 물건을 만들어 팔 수 있도록 하고, 농민들도 수확한 농작물을 자유롭게 팔 수 있게 했어요.

덩샤오핑의 이런 노력으로 중국 경제는 세계가 깜짝 놀랄 정도로 빠르게 성장했어요. 하지만 중국이 사회주의를 완전히 버린 것은 아니었어요. 중국의 모든 땅과 큰 회사들은 나라가 관리했어요. 또 여전히 공산당이 정권*을 잡고 독재를 하면서 국민들에게 정치적 자유를 주지 않고 있지요.

▲ 중국 최초의 경제특구인 선전시

1978년
덩샤오핑이 개혁과
개방을 선언함.

1979년
선전시가 경제특구로
지정됨.

1 1970년대 말 중국의 개혁과 개방을 선언한 사람은 누구인지 쓰세요.

✎ _____

2 덩샤오핑에 대한 글을 읽으면서 알맞은 말에 ○ 하세요.

> 덩샤오핑은 무너진 중국 경제를 되살리기 위해 (자본주의 / 공산주의) 시장 경제를 받아들였어요.

3 덩샤오핑이 한 일로 <u>틀린</u> 것을 고르세요.　　　　　　　　　　(　　　)

① 선진국의 자본과 기술을 받아들였어요.

② 경제특구를 만들어 외국인의 경제 활동을 막았어요.

③ 중국 기업이 자유롭게 물건을 만들어 팔 수 있게 했어요.

④ 농민들이 수확한 농산물을 팔 수 있게 했어요.

4 중국에 대한 글을 읽고, '맞아요'와 '틀려요' 중에서 알맞은 쪽에 색칠하세요.

	맞아요	틀려요
• 덩샤오핑의 노력으로 중국 경제가 빠르게 성장했어요.	맞아요	틀려요
• 중국의 모든 땅은 나라가 관리했어요.	맞아요	틀려요
• 국민들이 자유롭게 정치에 참여할 수 있었어요.	맞아요	틀려요

용어풀이
- **선진국** 다른 나라보다 정치, 경제, 문화 등의 발달이 앞선 나라.
- **자본** 경제에서, 상품을 만드는 데에 필요한 돈과 생산 수단과 노동력.
- **경제특구** 한 나라에서 다른 지역과는 달리 특별한 법규와 제도로 경제 활동을 보장하는 지역.
- **정권** 정치를 맡아 행하는 권력.

소련의 개방과 함께 막을 내린 냉전 시대

1960년대 중반부터 소련은 경제가 매우 어려워졌어요. 공산당의 독재로 부정부패가 심했고, 미국과 경쟁하느라 무기 개발에 돈을 많이 썼기 때문이에요.

'소련이 잘 살기 위해서는 경제는 물론이고, 소련의 모든 것을 바꿔야 해.'

1985년 소련의 새 지도자가 된 고르바초프는 개혁과 개방을 추진했어요. 자본주의 시장 경제를 받아들이고, 개인이 재산을 가질 수 있도록 허락했어요. 나라의 모든 정보를 국민에게 알리고, 언론과 개인의 자유를 보장하며 자유롭게 의견을 말할 수 있도록 했어요. 또 정치적 자유도 보장하고 동유럽 나라들을 더 이상 간섭하지 않겠다고 했지요.

소련은 1989년에 미국과 합의한 뒤 냉전 시대는 끝났다고 선언했어요. 그러자 동유럽의 나라들도 뒤따라 개혁과 개방을 외치기 시작했어요.

소련의 개혁이 계속되자, 소련의 공산당은 자신들의 권력을 빼앗길지도 모른다고 생각해 쿠데타를 일으켰어요. 러시아 공화국의 옐친 대통령이 공산당의 쿠데타를 진압했지요. 그리고 얼마 후 소련은 무너졌고, 소련을 이루던 나라들이 독립 국가 연합을 만들었어요.

▲ 1991년에 만들어진 독립 국가 연합

1985년
고르바초프가 개혁과
개방 정책을 추진함.

1989년
미국과 소련이
냉전이 끝났음을 선언함.

1991년
소련이 무너짐.

읽은 것 확인하기

1 소련에 대한 글을 읽고, 빈 곳에 알맞은 말을 쓰세요.

> 1960년대 중반부터 소련은 ＿＿＿＿＿＿＿＿＿＿＿이 독재를 하고, 미국과 경쟁하느라
>
> ＿＿＿＿＿＿＿＿＿＿＿에 돈을 많이 쓰는 바람에 경제가 매우 어려워졌어요.

2 1985년 소련의 개혁과 개방을 추진한 사람을 찾아 ○ 하세요.

마오쩌둥	고르바초프	옐친

3 소련의 개혁과 개방에 대한 설명으로 맞는 것을 모두 고르세요. (,)

① 자본주의 시장 경제를 받아들였어요.

② 개인의 재산을 모두 나라가 관리했어요.

③ 언론과 개인의 자유를 보장했어요.

④ 정치적 자유는 보장되지 않았어요.

4 사건이 일어난 순서에 맞게 번호를 쓰세요.

> • 소련의 공산당이 쿠데타를 일으켰어요. ( )
> • 소련과 미국이 합의한 뒤 냉전 시대는 끝났다고 선언했어요. ( )
> • 고르바초프가 소련의 개혁과 개방을 추진했어요. ( )
> • 소련이 무너졌어요. ( )

• **고르바초프** 소련의 초대 대통령. 냉전을 끝내고 세계 평화를 앞당긴 공로로 1990년에 노벨 평화상을 받음.

• **쿠데타** 군사적 힘으로 정권을 빼앗으려고 갑자기 벌이는 행동.

• **러시아 공화국** 소련을 이루던 15개의 공화국 중 가장 큰 공화국.

• **옐친** 러시아 공화국의 대통령으로, 소련이 무너지고 난 뒤 독립 국가 연합을 만듦.

• **독립 국가 연합** 소련을 이루던 15개의 공화국 중 11개의 나라가 만든 정치 공동체.

20 일차 무너진 베를린 장벽, 하나로 통일된 독일

제2차 세계 대전에서 진 독일은 1949년 여러 강대국의 차지가 되었어요. 미국, 영국, 프랑스가 차지한 서쪽에는 서독이, 소련이 차지한 동쪽에는 동독이 들어섰지요.

서독은 미국의 지원을 받아 경제가 빠르게 성장했고, 사람들은 마음껏 자유를 누렸어요. 하지만 동독 사람들은 공산당의 독재와 경제 불황*으로 힘든 생활을 했어요. 그러자 서베를린을 통해 서독으로 넘어가는 동독 사람들이 많아졌어요. 그 수가 300만 명이 넘자, 1961년 소련은 베를린 장벽*을 쌓아 서베를린과 동베를린을 갈라놓았어요.

"독재는 물러나라! 우리에게 여행의 자유를 달라!"

1980년대 들어 소련이 개혁과 개방을 추진하자, 동독 여러 곳에서 정부를 반대하는 시위가 일어났어요. 급기야는 수십만 명이 베를린 장벽을 넘어 서베를린으로 탈출했지요. 이에 1989년 11월, 동독 정부는 기자 회견을 열어 국민들의 요구를 바로 들어주겠다고 했어요. 소식을 들은 동독 사람들은 기뻐하며 베를린 장벽으로 달려갔어요. 아직 소식을 듣지 못한 검문소의 군인들이 막아서자, 흥분한 사람들은 베를린 장벽을 무너뜨리기 시작했어요. 결국 동독 정부는 물러났고, 1990년 독일은 하나의 나라로 통일이 되었어요.

▲ 무너진 베를린 장벽

1961년	1989년	1990년
베를린 장벽이 세워짐.	베를린 장벽이 무너짐.	독일이 하나의 나라로 통일됨.

1 1949년 독일의 상황에 대한 글을 읽으면서 알맞은 말에 ○ 하세요.

미국, 영국, 프랑스가 차지한 쪽에 (서독 / 동독)이 들어서고, 소련이 차지한 쪽에 (서독 / 동독)이 들어섰어요.

2 서독과 동독에 대해 바르게 말한 아이를 모두 찾아 이름에 ○ 하세요.

민서　서독은 소련의 지원을 받았어요.

정훈　서독 사람들은 마음껏 자유를 누렸어요.

세나　동독 사람들은 공산당의 독재로 힘든 생활을 했어요.

경택　동독은 경제가 빠르게 성장했어요.

3 1961년 소련이 서베를린과 동베를린을 갈라놓기 위해 세운 것은 무엇인지 쓰세요.

🖉 _____

4 베를린 장벽에 대한 설명으로 맞으면 ○, 틀리면 ✕ 하세요.

(1) 동독 사람이 서독으로 넘어가는 것을 막기 위해 세웠어요.　　　(　　　)

(2) 사람들이 베를린 장벽을 넘어 탈출하자, 장벽을 더 높게 쌓았어요.　(　　　)

(3) 베를린 장벽이 무너지고 나서 1990년 독일은 통일이 되었어요.　　(　　　)

용어풀이
- **불황** 경제 활동이 활발하지 않아 물가와 임금이 내리고 생산이 줄어드는 상태.
- **베를린 장벽** 1961년 8월에 동독이 동베를린과 서베를린 사이를 막은 콘크리트 벽. 전체 길이가 약 155킬로미터, 평균 높이가 약 3.6미터임.
- **검문소** 경찰이나 군인이 길을 지나가는 사람이나 차를 세워 신분을 확인하는 곳.

글을 읽고, 해당하는 낱말을 글자판에서 찾아 ⬭로 묶으세요.
낱말은 가로, 세로로 찾을 수 있어요.

덩	텐	핑	백	두	산
옐	안	마	오	쩌	둥
친	먼	루	독	립	지
구	광	산	일	본	쿠
ㄴ	장	경	제	점	데
경	제	특	구	리	타

1. 중화 인민 공화국을 세우고 대약진 운동을 벌인 사람이에요.

2. 중국 베이징에 있는 광장으로, 문화 대혁명이 일어난 곳이에요.

3. 덩샤오핑이 외국인의 경제 활동을 적극 돕기 위해 만든 지역이에요.

4. 군사적 힘으로 정권을 빼앗으려고 갑자기 벌이는 행동을 말해요.

5. 러시아 공화국 대통령으로, 독립 국가 연합을 만든 사람이에요.

6. 베를린 장벽이 무너지면서 하나로 통일된 나라예요.

민주화에 실패한 톈안먼 사건

중국 베이징의 톈안먼 광장에 100만 명이 넘는 사람들이 모여들었어. 시민과 학생, 노동자 등이 공산당 독재에 반대해 민주화를 요구하며 시위를 벌인 거야. 상황이 심각해지자, 중국 공산당은 탱크와 장갑차 등을 앞세우고 사람들에게 마구 총을 쏘며 시위를 진압했어.

수많은 사람이 그 자리에서 죽거나 다쳤는데, 이것을 '톈안먼 사건'이라고 해. 전 세계에서 중국 공산당을 비난했지만 공산당은 오히려 시위에 참여한 사람들을 모두 잡아들이고, 공산당을 비난하지 못하도록 하며 심하게 탄압했다고 해.

말실수로 무너진 베를린 장벽

1989년 동독 정부는 기자 회견을 열어 국민들이 여행을 좀 더 쉽게 할 수 있도록 하겠다고 했어. 그런데 한 이탈리아 기자가 '언제부터 국경이 개방되느냐?'라고 묻자, 동독 정부의 총서기가 '즉시'라고 말실수를 해 버렸지. 그러자 이탈리아 기자는 '동독 정부가 베를린 장벽

즉시!

언제부터 개방됩니까?

을 즉시 열고 사람들의 여행을 허락했다.'라고 속보를 전했어. 이 뉴스는 순식간에 전 세계로 퍼져 나갔어. 이 소식을 들은 동독과 서독 사람들이 베를린 장벽으로 몰려들었고, 빨리 장벽을 열라며 부수기 시작해 마침내 베를린 장벽은 무너졌단다.

21
일차

미국의 힘을 보여 준 걸프 전쟁

1990년 이라크가 쿠웨이트를 침공*했어요. 이란과의 오랜 전쟁으로 경제가 좋지 않았던 이라크는 엄청난 양의 석유가 묻혀 있는 쿠웨이트를 차지해 경제적 이익을 얻으려고 했지요.

그러자 미국은 국제 연합을 통해 쿠웨이트에서 물러나지 않으면 이라크를 공격하겠다고 경고했어요. 이라크가 꿈쩍도 하지 않자, 미국은 세계 30여 개의 나라들과 함께 다국적군*을 만들어 군대의 지휘를 맡았어요.

1991년 1월 17일, 다국적군이 이라크를 공격하면서 걸프 전쟁*이 일어났어요. 다국적군은 최신 미사일과 전투기 등으로 이라크의 주요 시설을 공격했어요. 폭격은 하루에 수천 번 넘게 이루어졌지요.

날마다 계속되는 다국적군의 공격에 이라크의 전 국토는 폐허가 되었어요. 이라크군도 엄청난 피해를 입었지요. 결국 이라크가 항복하면서 걸프 전쟁은 약 40일 만에 끝이 났어요.

미국은 걸프 전쟁을 통해 자신들의 힘을 전 세계에 보여 주었어요. 걸프 전쟁을 지켜본 세계 사람들은 미국의 막강한 군사력에 깜짝 놀랐답니다.

1990년
이라크가 쿠웨이트를 침공함.

1991년
걸프 전쟁이 일어남.

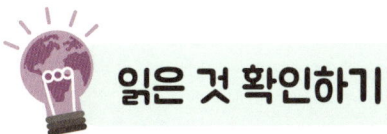

1 이라크에 대한 글을 읽고, 빈 곳에 알맞은 말을 쓰세요.

> 이라크는 엄청난 양의 _____가 묻혀 있는 쿠웨이트를 차지해 경제적 이익을
>
> 얻기 위해서 쿠웨이트를 침공했어요.

2 이라크가 쿠웨이트에서 물러나지 않자, 미국이 세계 여러 나라들과 만든 것은 무엇인지 쓰세요.

✎ _____

3 다국적군이 쿠웨이트를 침공한 이라크를 공격하면서 일어난 전쟁은 무엇인지 알맞은 글자를 모두 찾아 색칠하세요.

중 걸 동 프 전 테 러 쟁

4 걸프 전쟁에 대한 설명으로 맞는 것을 모두 고르세요. (,   )

① 다국적군의 지휘는 영국이 맡았어요.

② 최신 미사일과 전투기로 이라크 주요 시설을 공격했어요.

③ 이라크군의 계속되는 공격에 다국적군은 엄청난 피해를 입었어요.

④ 미국은 걸프 전쟁을 통해 자신들의 힘을 전 세계에 보여 주었어요.

🔍 용어풀이
- **침공** 다른 나라를 침범하여 공격함.
- **다국적군** 세계 평화를 위해 여러 나라가 함께 만든 군대.
- **걸프 전쟁** 국제 연합의 다국적군과 이라크 사이에 벌어진 전쟁. 이라크 앞바다인 페르시아만을 영어로 '걸프'라고 부르면서 걸프 전쟁이라고 부름.

유럽을 하나로 묶은 유럽 연합

두 차례의 세계 대전이 끝나고, 유럽 사람들은 분열된 유럽을 통합하는 공동체를 만들어 경제를 발전시키려고 했어요. 그래서 1952년에 유럽의 6개 나라가 모여 처음으로 '유럽 석탄 철강 공동체'를 만들었어요. 1967년에는 '유럽 공동체'를 만들어 유럽 안에서 물건과 사람이 자유롭게 이동할 수 있도록 했지요.

냉전 시대가 끝나고 독일이 통일을 하면서 유럽의 주요 나라들이 유럽 공동체에 차례로 가입했어요. 그러면서 유럽의 경제뿐만 아니라 정치와 사회까지 하나로 통합하기 위해 1993년 '유럽 연합'을 만들었어요.

유럽 연합은 벨기에의 수도인 브뤼셀에 본부를 두고 회의를 통해 유럽의 여러 문제를 논의했어요. '유로화'라는 화폐도 만들어서 회원국이 공통으로 쓰기 시작했지요.

오늘날에는 27개 나라가 유럽 연합에 가입했어요. 유럽 연합은 유럽의 안정과 평화를 유지한 점을 높이 평가받아 2012년에 노벨 평화상도 받았지요. 하지만 회원국 사이의 경제적, 문화적 차이 때문에 갈등이 생기면서 2020년에 영국이 유럽 연합을 탈퇴하는 일이 벌어지기도 했어요.

▲ 브뤼셀에 있는 유럽 연합 본부

1967년
유럽 공동체가 만들어짐.

1993년
유럽 연합이 만들어짐.

1 유럽을 통합하는 공동체에 대한 설명으로 맞는 것을 고르세요.　　　　　　(　　　　)

① 1952년에 처음으로 유럽 석탄 철강 공동체가 만들어졌어요.

② 유럽 공동체가 만들어지면서 유럽 안에서 사람만 자유롭게 이동할 수 있었어요.

③ 냉전 시대가 끝나자 많은 나라가 유럽 공동체를 탈퇴했어요.

2 유럽을 통합하는 공동체에 대한 글을 읽고, 빈 곳에 알맞은 말을 쓰세요.

> 냉전 시대가 끝나고 유럽의 주요 나라들이 유럽 공동체에 가입하면서 유럽의 경제뿐
>
> 만 아니라 정치와 사회까지 하나로 통합하기 위해 1993년 ＿＿＿＿＿＿＿＿＿을
>
> 만들었어요.

3 유럽 연합의 회원국이 공통으로 쓰는 화폐는 무엇인지 쓰세요.

🖊 ＿＿＿＿＿＿＿＿＿＿＿＿＿＿＿＿＿＿＿＿＿＿＿＿＿＿＿＿

4 유럽 연합에 대한 글을 읽고, '맞아요'와 '틀려요' 중에서 알맞은 쪽에 색칠하세요.

	맞아요	틀려요
• 벨기에의 수도인 브뤼셀에 본부가 있어요.	맞아요	틀려요
• 오늘날에는 6개 나라가 가입되어 있어요.	맞아요	틀려요
• 2012년에 노벨 평화상을 받았어요.	맞아요	틀려요

용어풀이
• **벨기에** 유럽 서북부에 있는 나라. 유럽 연합과 북대서양 조약 기구의 본부 등이 있음.
• **유로화** 유럽 연합의 나라들이 각 나라의 화폐 대신에 공통으로 쓰기 시작한 화폐.
• **회원국** 국제기구나 국제적인 조직의 회원인 나라.
• **노벨 평화상** 세계 평화에 공헌한 사람이나 단체에 주는 상.

9·11 테러 사건으로 시작된 테러와의 전쟁

2001년 9월 11일, 미국 뉴욕의 세계 무역 센터 건물에 비행기 두 대가 날아와 부딪혔어요. 비슷한 시각에 미국 워싱턴에 있는 국방부* 건물에도 비행기가 추락했지요.

두 사건 모두 '알카에다'가 비행기를 납치해서 벌인 테러였어요. 알카에다는 빈라덴*이 이끄는 이슬람 원리주의* 테러 단체예요. 걸프 전쟁 이후 미국이 사우디아라비아에 군대를 머무르게 했는데, 빈라덴이 이러한 상황을 두고 이슬람교의 성지인 메카와 메디나를 미국이 점령했다고 생각해 테러를 벌인 것이었지요. 9·11 테러 사건으로 미국은 순식간에 아수라장이 되었고, 3,000여 명의 사람들이 목숨을 잃었어요.

미국은 곧장 죄 없는 사람들에게 테러를 하는 무리들을 잡아들이겠다며 테러와의 전쟁을 선포했어요. 미국은 빈라덴을 잡기 위해 아프가니스탄을 공격했어요. 또 2003년에는 이라크가 대량 살상 무기*를 개발하여 테러를 일으킬지도 모른다고 생각해 이라크로 쳐들어갔어요. 하지만 이후에도 테러는 줄어들지 않았고, 오히려 미국을 싫어하는 이슬람교도들만 더 많아졌어요.

▲ 테러 공격을 받은 세계 무역 센터

2001년
9·11 테러 사건이 일어남.

2003년
미국이 이라크를 침공함.

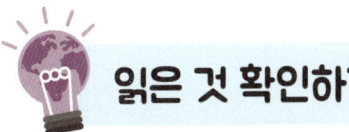 

1 9 · 11 테러 사건에 대한 설명으로 <u>틀린</u> 것을 고르세요.   (   )

① 빈라덴이 이끄는 알카에다가 벌인 일이에요.

② 3,000여 명의 사람들이 목숨을 잃었어요.

③ 이라크가 대량 살상 무기를 개발해 미국을 공격했어요.

④ 9·11 테러 사건 이후 미국은 테러와의 전쟁을 선포했어요.

2 알카에다가 9 · 11 테러 사건을 일으킨 이유에 대한 글을 읽고, 빈 곳에 알맞은 말을 쓰세요.

> 미국이 사우디아라비아에 군대를 두어 _____의 성지인 메카와 메디
>
> 나를 점령했다고 생각했기 때문이에요.

3 빈 곳에 들어갈 말을 〈보기〉에서 찾아 쓰세요.

> 보기
>
> 이라크
>
> 아프가니스탄

> 미국은 빈라덴을 잡으려고 _____을
>
> 공격했어요. 또 대량 살상 무기로 테러를 일으킬지도 모른
>
> 다고 생각해서 _____로 쳐들어갔어요.

4 테러에 대한 글을 읽으면서 알맞은 말에 ◯ 하세요.

> 미국이 테러와의 전쟁을 선포한 이후에도 테러는 (줄어들지 / 늘어나지) 않았고, 미
> 국을 (싫어하는 / 좋아하는) 이슬람교도들이 더 많아졌어요.

 용어
풀이
- **국방부** 국토를 지키고 외국의 침략에 대비하며 군사에 관한 일을 맡아보는 기관.
- **빈라덴** 9·11 테러 사건을 일으킨 알카에다의 지도자. 2011년에 미군에게 죽임을 당함.
- **이슬람 원리주의** 이슬람교 경전인 코란의 말씀을 철저히 지키며 서양의 근대화를 거부하는 사상.
- **대량 살상 무기** 핵무기, 생화학 무기 등 많은 사람을 한꺼번에 죽이거나 상처를 입힐 수 있는 무기.

24 일차 전 세계를 떠도는 난민들

과거 유럽의 지배를 받았던 아시아와 아프리카의 나라들은 20세기에 들어 대부분 독립했어요. 하지만 정치나 종교 등의 분쟁으로 많은 사람이 집과 재산을 잃고 다른 지역으로 옮겨 다니는 난민이 되어 어려움을 겪고 있어요.

시리아에서는 2011년부터 내전*이 벌어졌어요. 러시아와 미국, 이란 등 여러 나라가 내전에 참여하면서 시리아는 커다란 혼란에 빠졌지요. 시리아 사람들 수십만 명이 죽고, 인구의 절반가량이 난민이 되었어요. 또 아프리카의 남수단*은 민족 분쟁으로 벌어진 내전으로 200만 명 이상이 난민이 되었지요.

오늘날 전 세계의 난민은 약 7,000만 명이나 되어요. 난민들은 난민 캠프*에서 생활하거나 전 세계를 떠돌아다니며 국가의 보호도 받지 못하고 먹을 것도 부족해 힘들게 살고 있지요.

난민들은 대부분 살기 좋은 나라로 가고 싶어 해요. 그래서 한꺼번에 많은 사람이 배를 타고 바다를 건너거나 몰래 국경을 넘다가 목숨을 잃기도 해요. 한편, 난민의 수가 아주 많아지면서 테러나 경제적인 문제가 생기는 것을 걱정해 난민이 자기 나라에 들어오는 것을 반대하는 시위도 늘고 있지요. 난민은 어느 한 나라의 문제가 아니라 전 세계가 함께 해결해야 할 문제예요.

2011년
시리아 내전이 일어남.

2013년
남수단 내전이 일어남.

읽은 것 확인하기

📅 읽은 날짜 : 　월　　일

1 여러 분쟁으로 국가의 보호를 받지 못하고 다른 지역을 떠돌아다니는 사람을 무엇이라고 하는지 쓰세요.

✏️ _____

2 시리아 내전에 대해 바르게 말한 아이를 모두 찾아 이름에 ◯ 하세요.

> **동민** 　러시아와 미국, 이란 등 여러 나라가 내전에 참여했어요.
>
> **현철** 　다른 나라가 내전에 참여하면서 시리아는 금세 안정을 찾았어요.
>
> **가은** 　시리아 인구의 절반가량이 난민이 되었어요.

3 난민에 대한 설명으로 맞으면 ◯, 틀리면 ✕ 하세요.

(1) 난민들은 난민 캠프에서 편히고 안전하게 살고 있어요. 　　　(　　　)

(2) 난민들은 대부분 살기 좋은 나라로 가고 싶어 해요. 　　　(　　　)

(3) 난민들은 몰래 국경을 넘다가 목숨을 잃기도 해요. 　　　(　　　)

4 난민에 대한 글을 읽으면서 알맞은 말에 ◯ 하세요.

> 난민의 수가 (많아지면서 / 줄어들면서) 테러나 경제적인 문제가 생기는 것을 걱정해 난민이 자기 나라에 들어오는 것을 (반대 / 찬성)하는 시위가 늘고 있어요.

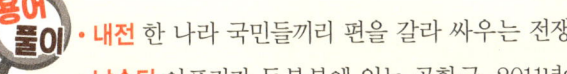

- **내전** 한 나라 국민들끼리 편을 갈라 싸우는 전쟁.
- **남수단** 아프리카 동북부에 있는 공화국. 2011년에 수단 공화국으로부터 분리되어 독립함.
- **난민 캠프** 전쟁이나 재난 등을 당해 오갈 곳 없는 사람들이 야외에서 천막을 치고 일시적으로 생활하는 곳.

25
일차

세계를 돌보는 국제 구호 단체

세계 곳곳에서 전쟁과 테러 등으로 빈곤과 질병 문제가 심각해지자, 이 문제를 해결하기 위해 국제 구호* 단체는 다양한 노력을 하고 있어요.

'유니세프'는 국제 연합에서 설치한 기구로, 가난으로 힘들어하는 전 세계 아이들을 위해 활동해요. 아이들에게 먹을 것을 제공하고 병을 치료하며 학교를 지어 공부할 수 있도록 도와주고 있지요.

인권 보호를 위한 비정부 기구*인 '국제 앰네스티'는 모든 사람이 차별받지 않고 인간다운 권리를 누릴 수 있도록 노력해요. 고문과 사형 제도를 반대하고 난민 보호 운동 등을 하지요.

'국경 없는 의사회'는 전 세계 의사들이 모여 만든 비정부 기구예요. 질병이나 전쟁, 자연재해 등으로 고통받는 사람이나 난민이 있는 곳은 어디든지 달려가 치료해 주지요.

이 밖에 난민 캠프 등을 만들어 난민들을 보호하고 지원하는 '유엔 난민 기구', 전쟁이나 자연재해로 집을 잃은 사람들에게 집을 지어 주는 '해비타트' 등 많은 국제 구호 단체가 세계 갈등을 해결하고 평화를 유지하기 위해 꾸준히 노력하고 있어요.

1946년
유니세프가 설치됨.

1978년
국제 앰네스티가
유엔 인권상을 받음.

1999년
국경 없는 의사회가
노벨 평화상을 받음.

읽은 것 확인하기

1 국제단체에 대한 글을 읽고, 빈 곳에 알맞은 말을 쓰세요.

> 세계 곳곳에서 전쟁과 테러 등으로 _____과 질병 문제가 심각해지자, 이 문제를 해결하기 위해 국제 _____ 단체가 활동하고 있어요.

2 유니세프에 대한 설명으로 맞으면 ○, 틀리면 ✕ 하세요.

(1) 국제 연합에서 설치한 아이들을 위한 기구예요. 　　　　　　(　　　)

(2) 가난으로 힘들어하는 전 세계 아이들에게 먹을 것을 제공해요. 　(　　　)

(3) 주로 고문과 사형 제도를 반대하는 일을 해요. 　　　　　　(　　　)

3 글을 읽고, 어떤 국제 구호 단체에 대한 설명인지 이름을 쓰세요.

> 전 세계 의사들이 모아 만든 비정부 기구로, 질병이나 전쟁, 자연재해 등으로 고통받는 사람이나 난민을 치료해 주어요.

✏️ _____

4 각 국제 구호 단체가 하는 일로 알맞은 것을 찾아 줄로 이으세요.

| 해비타트 | • | | • | 난민 캠프 등을 만들어 난민들을 보호하고 지원해요. |

| 유엔 난민 기구 | • | | • | 전쟁이나 자연재해로 집을 잃은 사람들에게 집을 지어 주어요. |

용어풀이
- **빈곤** 가난하여 생활하는 것이 어려운 상태.
- **구호** 재해나 재난 등으로 어려움에 처한 사람을 도와 보호함.
- **비정부 기구** 뜻이 같은 개인들이 모여 지구촌의 여러 문제를 해결하고자 활동하는 조직.

낱말 퍼즐

글을 읽고, 해당하는 낱말을 글자판에서 찾아 ◯로 묶으세요.
낱말은 가로, 세로로 찾을 수 있어요.

알	카	에	다	리	본
내	드	브	뤼	셀	쿠
전	쟁	라	이	카	웨
분	리	질	란	이	이
난	민	캠	프	로	트
리	유	니	세	프	랑

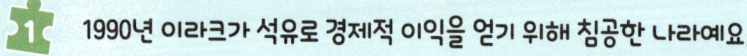

1. 1990년 이라크가 석유로 경제적 이익을 얻기 위해 침공한 나라예요.

2. 유럽 연합의 본부가 있는 곳으로, 벨기에의 수도예요.

3. 빈라덴이 이끄는 이슬람 원리주의 테러 단체로, 9·11 테러 사건을 일으켰어요.

4. 한 나라 안에서 국민들끼리 편을 갈라 싸우는 전쟁을 말해요.

5. 전쟁이나 재난을 당해 오갈 곳 없는 사람들이 천막을 치고 일시적으로 생활하는 곳을 말해요.

6. 국제 연합에서 설치한 국제 구호 단체로, 아이들을 위한 기구예요.

최첨단 무기들이 등장한 걸프 전쟁

걸프 전쟁 때 미국은 큰 피해 없이 전쟁을 빨리 끝내고 싶었어. 그래서 전쟁 시작부터 온갖 최첨단 무기를 동원했어. 레이더망에 잡히지 않는 스텔스 전투기로 이라크에 몰래 들어가 주요 시설을 파괴했고, 밤에도 날 수 있는 아파치 헬기로 지상의 이라크군을 밤에 공격해 손쉽게 물리쳤지. 또 적의 미사일을 따라가 공격하는 패트리어트 미사일, 땅 위를 낮게 날 수 있는 토마호크 미사일 같은 놀라운 무기도 사용했어.

당시 미국의 방송사들은 다국적군이 최신 무기로 이라크를 공격하는 모습을 텔레비전으로 생중계했어. 그래서 세계 사람들은 걸프 전쟁을 생생하게 볼 수 있었단다.

유럽 여러 나라가 함께 쓰는 유로화

1999년 유럽 연합에서는 회원국들이 같은 화폐를 사용하기로 했어. 각 나라의 화폐를 사용하다 보니 여행을 하거나 물건을 사고팔 때 불편했거든. 그래서 유로화를 만들었고, 2019년 기준 19개 나라가 유로화를 사용해. 유로화의 지폐 앞면에는 창문과 문이 그려져 있는데, 이 것은 유럽의 개방과 협력 정신을 나타내. 뒷면에 그려진 다리는 유럽과 다른 나라의 교류를 상징하지. 또 동전은 한 면에는 같은 그림이, 다른 한 면에는 유럽 각 회원국을 상징하는 그림이 나라마다 다르게 그려져 있어. 그래서 유로화 동전을 모으는 사람도 있다고 해.

▲ 유로화

해답과 도움말

1일차 사라예보의 총소리에서 시작된 제1차 세계 대전
📖 8~9쪽

1 사라예보
2 ②
3 러시아, 프랑스, 영국
4 (1) ○, (2) ✕, (3) ✕

> **도움말** 미국이 전쟁에 참여하면서 연합국이 이기기 시작하자, 오스트리아 · 헝가리 제국, 불가리아 등 동맹국들이 항복했어요. 독일에서는 혁명이 일어나 황제가 물러나고 공화국이 세워졌으며, 독일 정부가 연합국에 항복하면서 제1차 세계 대전은 끝이 났어요.

2일차 사회주의 국가를 세운 러시아 혁명
📖 10~11쪽

1 (순서대로) 비싼, 낮은
2 (순서대로) 황제가 물러나고 임시 정부가 들어섰어요. 임시 정부를 몰아내고, 사회주의 정부를 세웠어요.
3 (순서대로) 틀려요, 맞아요, 맞아요
4 소련

> **도움말** 19세기 말부터 러시아에 산업 혁명이 일어나 석탄이나 철강 공업 등이 빠르게 발전했어요. 많은 노동자가 생겨났고, 동시에 모두가 평등한 세상을 만들자는 사회주의자들도 나타났는데, 이들 가운데 가장 뛰어난 사람이 마르크스의 영향을 받은 레닌이었어요.

3일차 비폭력 · 불복종 운동으로 영국에 대항한 간디
📖 12~13쪽

1 비폭력 · 불복종 운동
2 영국 물건을 쓰지 말자, 세금을 내지 말자
3 종희, 승철
4 (순서대로) 남아프리카 연방, 영국

> **도움말** 영국이 인도 사람들이 소금을 만드는 것을 금지하는 소금법을 만들자, 간디는 인도 사람들이 영국에게 어떤 탄압을 받는지 알리려고 바닷가까지 걸어가서 소금을 채취하는 소금 행진을 벌였어요. 수천 명의 인도 사람들이 이 행진에 함께했고, 결국 소금법은 폐지되었어요.

4일차 세계를 위기에 빠뜨린 대공황
📖 14~15쪽

1 (1) ✕, (2) ○, (3) ○
2 대공황
3 ③, ④
4 뉴, 딜, 정, 책

> **도움말** 뉴딜 정책은 정부가 다리나 도로, 댐 같은 큰 공사를 벌여서 경제적으로 어려운 사람들에게 일자리를 만들어 돈을 벌 수 있게 해 준 정책이에요. 루스벨트는 노동자의 생활이 좋아져야 경제에 도움이 된다고 생각해 노동자의 권리 보장에도 힘썼어요.

낱말퍼즐

📖 16쪽

1 보스니아
2 연합국
3 레닌
4 간디
5 물레
6 루스벨트

연	합	국	가	나	라
기	동	보	계	물	레
소	사	스	완	다	간
련	라	니	베	르	디
레	예	아	랍	주	식
닌	보	루	스	벨	트

유럽

5일차 이탈리아를 전체주의 국가로 만든 무솔리니
📖 18~19쪽

1 (순서대로) 틀려요, 맞아요, 틀려요
2 (순서대로) 무솔리니, 파시스트당
3 ②
4 전체주의

도움말 전체주의란 국가와 민족의 발전과 이익을 가장 중요하게 생각하는 사상이에요. 전체주의 국가에서 개인의 자유와 권리는 보장받지 못했고 하나의 정당이 권력을 잡아 독재를 했지요. 이탈리아, 일본, 독일이 전체주의 국가였어요.

유럽

6일차 독일의 권력을 잡은 강력한 독재자, 히틀러
📖 20~21쪽

1 히틀러
2 현미, 주은
3 (1) ○, (2) ✕, (3) ○
4 (순서대로) 늘어나면서, 나아졌어요

도움말 전쟁에서 진 독일은 넓은 영토와 많은 국민을 잃고, 엄청난 금액의 배상금을 물면서 경제가 어려워졌어요. 이런 혼란 속에 등장한 히틀러의 나치당은 위대한 독일을 건설하자고 주장하며 독일 사람들의 열렬한 지지를 받았어요.

7일차 제2차 세계 대전으로 혼란에 빠진 전 세계

📖 22~23쪽

1 이탈리아, 일본
2 (순서대로) ③, ①, ②, ④
3 노르망디 상륙 작전
4 ①, ④

도움말 폴란드를 침략한 독일은 덴마크와 노르웨이, 네덜란드 등을 점령하고 프랑스의 파리까지 쳐들어갔어요. 프랑스 정부는 항복했지만, 드골 장군과 부하들은 영국으로 넘어가 독일에 맞섰고, 프랑스에서도 온 국민이 하나가 되어 독일에 저항했어요.

8일차 일본이 일으킨 아시아·태평양 전쟁

📖 24~25쪽

1 아시아·태평양 전쟁
2 (순서대로) 동남아시아, 석유
3 현주, 태현
4 원자 폭탄

도움말 진주만은 지리적으로 입구는 좁고 안쪽은 넓은 요새를 이루고 있어 미국 군사 기지가 많았어요. 일본의 갑작스러운 진주만 공격으로 미국의 군함과 비행기가 많이 파괴되었으며, 3,000여 명의 군인이 다치거나 죽었지요. 이 공격은 미국이 제2차 세계 대전에 참여하는 계기가 되었어요.

9일차 전쟁의 아픔이 고스란히 담긴 《안네의 일기》

📖 26~27쪽

1 전차와 자동차를 타는 것,
  영화관에 가는 것
2 안네의 일기
3 ①, ②
4 (순서대로) 틀려요, 맞아요, 맞아요

도움말 수용소로 끌려간 안네는 전쟁이 끝나기 두 달 전에 세상을 떠났어요. 혼자 살아남은 안네의 아버지는 네덜란드 은신처로 돌아와 짐을 챙기다가 안네의 일기를 발견하고, 다시는 이런 끔찍한 일은 없어야 한다고 생각해 책으로 펴냈다고 해요.

10일차 결과가 다른 독일과 일본의 전범 재판

📖 28~29쪽

1 뉘른베르크
2 ②
3 경미, 재희
4 야스쿠니

도움말 뉘른베르크에서 열린 전범 재판으로, 역사상 처음으로 전쟁 범죄자를 법으로 처벌하게 되었어요. 나치당의 각 부서 장관과 장교, 중앙은행장이나 재벌도 빠짐없이 재판에 세워 처벌했지요. 이들은 나치에 적극 협력해 많은 재산과 큰 권력을 얻었기 때문이에요.

낱말퍼즐

📖 30쪽

1 혁명가
2 나치당
3 선전 포고
4 진주만
5 히로시마
6 네덜란드

모	네	나	치	당	진
자	덜	이	마	경	주
선	란	스	혁	명	가
전	드	히	로	시	마
포	론	이	탈	리	아
고	진	주	만	로	마

세계

11일차   세계 평화를 지키는 국제 연합

📖 32~33쪽

1 국제 연합
2 평, 화, 유, 지, 군
3 (순서대로) 국제 평화를 책임지는 일을 해요,
   국제 연합의 운영을 도와요,
   나라 사이의 법적 문제를 해결해요
4 유네스코

도움말 제2차 세계 대전 중이었던 1942년 미국의 루스벨트 대통령과 영국의 처칠 총리는 전쟁 후 국제 평화를 위한 노력과 평화 수립의 원칙에 합의했어요. 이를 바탕으로 국제 연합 헌장이 만들어졌고, 1945년에 세계 51개국이 참여한 국제 연합이 탄생했어요.

유럽

12일차   소리 없는 전쟁, 냉전

📖 34~35쪽

1 마셜 계획
2 (순서대로) 자본주의, 공산주의
3 경제 상호 원조 회의, 바르샤바 조약 기구
4 냉전

도움말 냉전 체제는 아시아 지역에서 전쟁으로 나타났어요. 중국에서는 내전이 벌어져 중화 인민 공화국이 세워졌고, 베트남에서는 베트남 전쟁이 일어났지요. 또 한반도에서는 유엔군과 중국군이 참여한 6·25 전쟁이 일어났어요.

13일차 식민지에서 벗어나 독립을 이룬 아프리카

📖 36~37쪽

1 (순서대로) 틀려요, 맞아요, 맞아요
2 수에즈 운하
3 ②
4 1960년

> **도움말** 제2차 세계 대전이 끝나고 영국과 프랑스 같은 강대국들이 식민지를 독립시키면서 많은 독립국이 탄생했어요. 아프리카에서 가장 많은 독립국이 생겼지요. 1963년에는 아프리카 나라들의 정치적, 경제적 발전을 위한 아프리카 통일 기구가 생기기도 했어요.

14일차 미국과 소련의 우주 경쟁

📖 38~39쪽

1 소련
2 ①, ④
3 아폴로 계획
4 유미, 태오

> **도움말** 1969년 7월 16일, 미국은 우주선 아폴로 11호를 실은 로켓을 발사했어요. 우주선에는 세 명의 우주 비행사들이 타고 있었지요. 달에 도착한 우주 비행사들은 준비해 간 미국의 국기를 달에 꽂고 여러 가지 실험을 한 뒤에 무사히 지구로 돌아왔어요.

15일차 팔레스타인 지역의 끝없는 분쟁

📖 40~41쪽

1 팔레스타인
2 이스라엘
3 (1) ○, (2) ○, (3) ✕
4 ②, ③

> **도움말** 유대인이 이스라엘을 세우자, 이스라엘 건국에 반대한 요르단, 이라크, 시리아, 레바논, 이집트가 이스라엘에 쳐들어왔어요. 사우디아라비아와 예멘은 전쟁에 필요한 돈을 지원했지요. 결과적으로 서아시아의 모든 나라가 이스라엘을 공격한 것이에요.

16일차 사회주의 국가를 탄생시킨 베트남 전쟁

📖 42~43쪽

1 호찌민
2 사회주의
3 (순서대로) ②, ①, ④, ③
4 ②, ③

> **도움말** 남베트남의 공산당 세력은 1960년대 초반부터 베트콩을 만들고 게릴라전을 시작했어요. 베트콩들은 평소에는 농민들과 함께 농사를 지으며 생활했기 때문에 베트남 주민들과 구별하기가 아주 어려웠어요. 그러다 갑자기 게릴라전을 펼치며 미국 군대와 남베트남에 끊임없이 저항했지요.

낱말퍼즐

📖 44쪽

1 총회
2 나세르
3 인공위성
4 유대인
5 베트콩
6 게릴라전

게	인	공	위	성	공
릴	종	공	임	무	총
라	차	기	유	학	회
전	별	관	대	문	강
나	세	르	인	종	낭
비	금	도	베	트	콩

동아시아

17일차 중국을 혼란에 빠뜨린 문화 대혁명

📖 46~47쪽

1 중화 인민 공화국을 세웠어요, 대약진 운동을 벌였어요
2 홍위병
3 종민, 다은
4 (1) ◯, (2) ✕, (3) ◯, (4) ✕

도움말 대약진 운동을 펼친 마오쩌둥은 참새를 곡식을 도둑질하는 해로운 새라면서 모두 잡아들였어요. 하지만 이 때문에 천적이 사라진 메뚜기가 논밭을 쑥대밭으로 만들었고, 중국에는 극심한 흉년이 들어 2천만 명이 넘는 사람들이 굶어 죽었다고 해요.

동아시아

18일차 놀라운 경제 성장을 이룬 덩샤오핑의 경제 개방

📖 48~49쪽

1 덩샤오핑
2 자본주의
3 ②
4 (순서대로) 맞아요, 맞아요, 틀려요

도움말 덩샤오핑은 중국 남부에 외국인의 투자와 자유로운 경제 활동을 보장하는 경제특구를 설치했어요. 중국 남부의 경제특구가 대성공을 거두자, 중국은 경제특구를 늘리고 중국 기업들이 정부의 간섭 없이 자유롭게 물건을 만들고 돈을 벌 수 있게 해 주었어요.

19일차 소련의 개방과 함께 막을 내린 냉전 시대

📖 50~51쪽

1 (순서대로) 공산당, 무기 개발
2 고르바초프
3 ①, ③
4 (순서대로) ③, ②, ①, ④

도움말 소련의 고르바초프는 1989년 1월에 열린 몰타 회담에서 미국의 부시 대통령을 만나 두 나라의 냉전 관계를 완전히 끝내기로 합의했어요. 2월에는 아프가니스탄에서 소련 군대를 철수시켰고, 동유럽 각국의 정치에 대한 간섭도 완전히 중단하겠다고 선언했어요.

20일차 무너진 베를린 장벽, 하나로 통일된 독일

📖 52~53쪽

1 (순서대로) 서독, 동독
2 정훈, 세나
3 베를린 장벽
4 (1) ○, (2) ✕, (3) ○

도움말 통일 이전에도 동독 사람들은 정부의 허락만 받으면 서독으로 여행할 수 있었어요. 하지만 허락을 받기가 쉽지 않아 사실상 여행이 불가능했어요. 그런데 소련이 개혁과 개방을 선언하고 여러 동유럽 나라가 흔들리자, 완전한 여행의 자유를 외치는 사람이 많아지면서 동독에 변화가 시작되었어요.

낱말퍼즐

📖 54쪽

1 마오쩌둥
2 톈안먼 광장
3 경제특구
4 쿠데타
5 옐친
6 독일

덩	톈	핑	백	두	산
옐	안	마	오	쩌	둥
친	먼	루	독	립	지
구	광	산	일	본	쿠
니	장	경	제	점	데
경	제	특	구	리	타

서아시아

21일차 미국의 힘을 보여 준 걸프 전쟁

📖 56~57쪽

1 석유
2 다국적군
3 걸, 프, 전, 쟁
4 ②, ④

도움말 걸프 전쟁 때 미국은 이집트, 프랑스 등 세계 30여 개 나라의 군대로 다국적군을 꾸렸어요. 그동안 미국과 적대 관계였던 나라도 다국적군에 참여했지요. 다국적군 가운데에는 미국 군대가 가장 많았고 총지휘도 미국이 맡았어요.

유럽

22일차 유럽을 하나로 묶은 유럽 연합

📖 58~59쪽

1 ①
2 유럽 연합
3 유로화
4 (순서대로) 맞아요, 틀려요, 맞아요

도움말 유럽 연합에는 각국 정상이 정기적으로 모여 회담을 하는 기구인 '유럽 이사회', 유럽 연합에서 정한 법률에 따라 회원국 간 분쟁을 재판하는 '유럽 연합 사법 재판소', 유로화를 발행하고 통화량을 조절하는 '유럽 중앙은행' 등 여러 조직이 있어요.

아메리카

23일차 9·11 테러 사건으로 시작된 테러와의 전쟁

📖 60~61쪽

1 ③
2 이슬람교
3 (순서대로) 아프가니스탄, 이라크
4 (순서대로) 줄어들지, 싫어하는

도움말 미국이 테러와의 전쟁을 선포한 이후에도 테러 위험은 줄어들지 않았어요. 미국이 아프가니스탄과 이라크를 공격하면서 서아시아의 이슬람 국가들은 미국에 큰 적대감을 가지게 되었고, 미국의 간섭에 반발하면서 테러 위험은 오히려 커져 갔어요.

세계

24일차 전 세계를 떠도는 난민들

📖 62~63쪽

1 난민
2 동민, 가은
3 (1) ✕, (2) ◯, (3) ◯
4 (순서대로) 많아지면서, 반대

도움말 난민은 주로 종교나 정치적 갈등, 경제적인 이유 등으로 발생해요. 이러한 갈등을 극복하려면 다른 종교나 인종을 적극적으로 받아들이는 태도를 지녀야 하며, 차별하지 않고 모두 함께 어우러져 살아갈 방법을 찾아야 해요.

25일차 세계를 돌보는 국제 구호 단체 · 64~65쪽

1 (순서대로) 빈곤, 구호

2 (1) ○, (2) ○, (3) ✕

3 국경 없는 의사회

4 (순서대로) 전쟁이나 자연재해로 집을 잃은
사람들에게 집을 지어 주어요,
난민 캠프 등을 만들어 난민들을 보호하고 지원해요

> **도움말** 국경 없는 의사회는 1971년 전 세계의 의사와 언론인을 중심으로 만들어졌어요. 전 세계의 70여 개 나라에서 활동하고 있으며, 인종이나 종교 등에 상관없이 의료 도움이 필요한 사람은 누구나 치료하고 있지요.

낱말퍼즐

· 66쪽

1 쿠웨이트
2 브뤼셀
3 알카에다
4 내전
5 난민 캠프
6 유니세프

알	카	에	다	리	본
내	드	브	뤼	셀	쿠
전	쟁	라	이	카	웨
분	리	질	란	이	이
난	민	캠	프	로	트
리	유	니	세	프	랑

찾아보기

ㅊ

ㅋ

ㅌ

ㅍ

ㅎ